しくみ図解 SHIKUMI ZUKAI

# 国際税務のポイント

作田陽介 著

中央経済社

# はじめに

ひと昔前は、海外進出は大企業や特殊な企業が考えることであって、中小企業には関係ないものというイメージでしたが、ここ20年ほどで中小企業の海外進出が大幅に増え、どの企業にとっても、選択肢の1つとして考えるべきものとなってきています。近年は新型コロナウイルスの影響で、一時的に進出数は減りましたが、渡航制限や行動制限が解除された後は、急速に増えています。

海外進出の目的も多様化し、以前は人件費の安い海外に工場を持ち、そこで生産することによって原価を低くするといった考えの製造業が中心でしたが、昨今ではサービス業等の非製造業の海外進出も増えています。

これは、人件費やその他の費用面の優位性に目を向けて製造拠点を海外に移転するという考えから、今後の各国（特にアジア）の経済成長や市場拡大を見込んで、海外をマーケットとして意識する方向に企業が考え方を変化させてきていることが理由だと考えられます。

国際税務の世界を見てみても、日本においては平成21年度税制改正での外国子会社配当益金不算入制度の創設、それに伴う間接外国税額控除の廃止、平成28年度および令和元年度の税制改正による移転価格税制の大幅な改正、平成28年度から実施されている外国法人課税の総合主義から帰属主義への移行およびそれに伴う外国税額控除の改正、令和5年度税制改正によるグローバル・ミニマム課税の創設等、制度そのものを創設、変更する改正も含め、近年、活発に改正が行われています。

また、世界に目を向けてもOECDにおけるBEPS行動計画の策定、最終報告書の公表、それに伴う各国税制の改正、BEPS2．0プロジェクトに対する大枠合意の公表等、近年、グローバル企業に対する課税制度の見直しの動きが活発化しており、今後も、グローバル経済が加速するにつれ、国際税務の世界では、日本においてもどんどん制度が変化していくものと考えられます。

本書はこのような状況下で、海外進出を考えている企業の経営者や経理担当者、顧問税理士等のみなさまに国際税務の基本的な考え方や海外進出時に直面する問題について、わかりやすく伝えるため、77の重要なポイントをピックアップし、1つのテーマについて見開き2ページで、右ページに文章を、左ページに図表を入れて解説しています。本書では海外進出全般の税務について幅広く取り上げていますが、前述のような構成になっているので、興味のある分野から読み進めていただくことが可能です。また、税務以外の分野についても弊社のクライアントのみなさまが実際に海外進出時に遭遇した障害や、問題となりやすい点についても言及していますので、これから海外進出をする企業の一助となれば幸甚です。

最後になりますが、本書を刊行することができたのも、日頃からお世話になっているクライアントのみなさまや諸先輩方、業務面で私を支えてくれる優秀なスタッフ、家庭面で私を支えてくれる妻を始めとする家族、その他さまざまな人達のサポートがあったからだと思っています。また、外国税額控除に精通している玉城慎之介税理士には本書執筆にあたり大変ご助力いただき、中央経済社の奥田真史氏には本書の企画段階からアドバイスを頂戴し、執筆の各段階で適切なリードをしていただき、大変お世話になりました。すべての方々に紙面を借りて、深く感謝の意を示します。

2024年4月

**作田　陽介**

＊2024年4月1日現在の法令等に基づいて執筆しています。

# CONTENTS

## 第4章 BEPSってなに?

## 第5章 内国法人が海外に進出する場合の注意点

## 第6章 外国子会社配当益金不算入制度ってなに？

## 第7章　外国税額控除ってなに？



## 第8章　タックスヘイブン対策税制ってなに？

# 第1章

# なぜいま，国際税務が必要なのか？

1 進む海外進出

2 海外進出企業の現状

3 海外進出企業の税務調査の実態

4 国家間の税金の奪い合い

5 税金はコスト？

6 グローバルタックスプランニングの時代

# 1 進む海外進出

## 支援機関の増加、資金調達もさらにしやすい環境に

**●最近の海外進出の状況**

２０００年代初頭から、大企業だけでなく中小企業の海外進出も活発になってきています。最新の経済産業省海外事業活動基本調査によれば、２０２１年度においては、新型コロナウイルスの影響もあり、現地法人の新規設立は前年より減りましたが、海外現地法人の売上高は前年度比大幅アップ、経常利益や当期純利益、現地法人従業員数も増加する等、海外での展開が順調な企業が多いようです。

進出国について直近の状況で見た場合、中国が若干減少傾向にありますがトップであり、ベトナム、タイ、シンガポール、インドネシア等のＡＳＥＡＮ各国が増加傾向にある等、欧米ではなくアジア諸国への進出が顕著になっています。

**●海外展開を支援する機関**

近年、海外進出が活発になってきた背景として、グローバルなコスト競争力の確保、人口増加国での販路拡大等、ビジネス戦略上の理由があるのはもちろんですが、海外展開を支援する機関の増加により、海外進出に関する情報も増え、企業にとって「海外進出」のハードルが下がり、身近になったことも挙げられます。

以前から海外進出を支援している日本貿易振興機構（ＪＥＴＲＯ）はもちろん、中小企業基盤整備機構や各地の商工会議所、各都道府県や市町村等、海外進出を支援する公的組織も増加しています。もちろん、民間の支援機関も増加しており、インターネットの発達により海外にある支援機関と直接やり取りをするケースも増えています。

また、海外進出の際に１つのネックになっていた資金調達面でも、日本政策金融公庫や各民間金融機関では、海外展開資金の貸出しを積極的に行っており、資金調達をしやすい環境が整ってきています。

## 業種別現地法人分布

（単位：社，%）

| | 21年度末現地法人数 | 主要業種別構成比 20年度 構成比 | 21年度 構成比 | 21年度 ポイント差 |
|---|---|---|---|---|
| 全産業 | 25,325 | 100.0 | 100.0 | — |
| 製造業 | 10,902 | 43.1 | 43.0 | ▲0.1 |
| | | 100.0 | 100.0 | — |
| 食料品 | 529 | 4.5 | 4.9 | 0.4 |
| 繊維 | 434 | 4.2 | 4.0 | ▲0.2 |
| 木材紙パ | 197 | 1.8 | 1.8 | 0.0 |
| 化学 | 1,063 | 9.9 | 9.8 | ▲0.1 |
| 石油・石炭 | 62 | 0.3 | 0.6 | 0.3 |
| 窯業・土石 | 221 | 2.1 | 2.0 | ▲0.1 |
| 鉄鋼 | 308 | 2.9 | 2.8 | ▲0.1 |
| 非鉄金属 | 330 | 3.1 | 3.0 | ▲0.1 |
| 金属製品 | 635 | 5.7 | 5.8 | 0.1 |
| はん用機械 | 471 | 4.3 | 4.3 | 0.0 |
| 生産用機械 | 819 | 7.8 | 7.5 | ▲0.3 |
| 業務用機械 | 389 | 3.7 | 3.6 | ▲0.1 |
| 電気機械 | 616 | 5.7 | 5.7 | 0.0 |
| 情報通信機械 | 920 | 8.5 | 8.4 | ▲0.1 |
| 輸送機械 | 2,370 | 21.6 | 21.7 | 0.1 |
| その他の製造業 | 1,538 | 14.0 | 14.1 | 0.1 |
| 非製造業 | 14,423 | 56.9 | 57.0 | 0.1 |
| | | 100.0 | 100.0 | — |
| 農林漁業 | 78 | 0.7 | 0.5 | ▲0.2 |
| 鉱業 | 131 | 1.1 | 0.9 | ▲0.2 |
| 建設業 | 420 | 2.9 | 2.9 | 0.0 |
| 情報通信業 | 850 | 5.8 | 5.9 | 0.1 |
| 運輸業 | 1,432 | 9.7 | 9.9 | 0.2 |
| 卸売業 | 7,198 | 50.3 | 49.9 | ▲0.4 |
| 小売業 | 710 | 4.9 | 4.9 | 0.0 |
| サービス業 | 2,541 | 17.5 | 17.6 | 0.1 |
| その他の非製造業 | 1,063 | 7.1 | 7.4 | 0.3 |

## 地域別現地法人分布

（単位：上段は社，下段は構成比で%）

| | 20年度 | 21年度 |
|---|---|---|
| 全地域 | 25,703 | 25,325 |
| | 100.0 | 100.0 |
| 北米 | 3,235 | 3,201 |
| | 12.6 | 12.6 |
| アジア | 17,342 | 17,136 |
| | 67.5 | 67.7 |
| 中国 | 7,486 | 7,281 |
| | 29.1 | 28.8 |
| ASEAN10 | 7,414 | 7,435 |
| | 28.8 | 29.4 |
| その他アジア | 2,442 | 2,420 |
| | 9.5 | 9.6 |
| 欧州 | 2,913 | 2,812 |
| | 11.3 | 11.1 |
| その他 | 2,213 | 2,176 |
| | 8.6 | 8.6 |

## 現地法人の地域別分布比率の推移

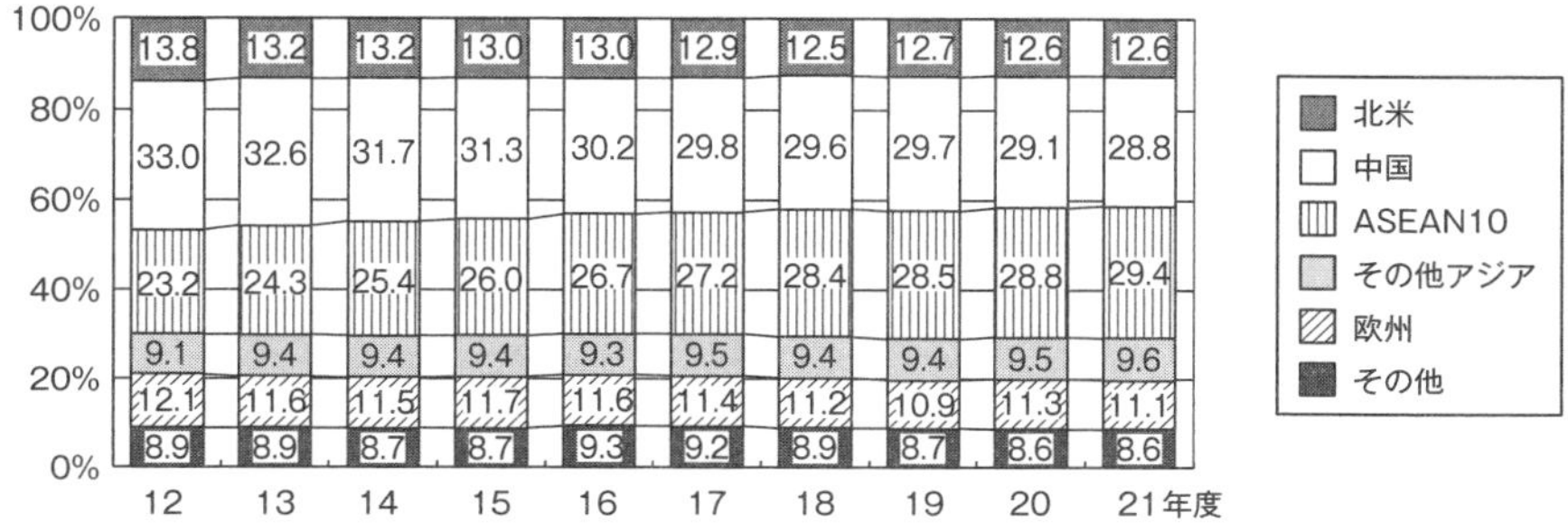

# 2 海外進出企業の現状

## 「どこで売るか」という観点が主流に

### ●近年の海外進出の特徴

増加する一方の企業の海外進出ですが、時代によって進出先や理由等に変化があります。ここ数年の傾向を見ると中国→ASEANという流れが顕著です。これは、中国で人件費の上昇、政府の民間企業への指導強化、知的財産権の侵害、人権問題等の事業継続リスクや、安全保障上のリスク等、企業にとって好ましくない状況（いわゆるチャイナ・リスク）が増加している一方で、ASEAN諸国では経済の着実な成長や、インフラの整備等により、ビジネス環境が整ってきているためと考えられます。

また、中堅・中小企業の海外進出が増えたことと、以前は製造業の製造拠点としての進出が中心だったのが、非製造業の海外進出も増えているのが近年の特徴です。非製造業の海外進出の増加は、以下の「海外進出をする理由」が変化したからだと考えられます。

### ●海外進出をする理由の変化

これら近年の海外進出の特徴を分析すると、海外進出をする理由が変化してきたということが分かります。

以前は安い労働力を求めて製造業が拠点を移すケースが多かったのですが、近年の海外進出の理由では、国内の人口減少に伴う需要の減少や、海外での需要の増加というのが多くなっています。つまり、以前は「どこで作るか」という観点が強かったのが、近年は「どこで売るか」という観点が強くなってきたと言えます。

縮小する市場から、拡大する市場にシフトするのは、当然の考え方ではありますが、今後の日本の人口減とASEAN諸国の人口増及び経済発展を考えると今後もこの傾向は続くのではないかと思います。

また、オンライン商談会で海外のバイヤーと接触する等、コロナ禍で急速に普及したデジタル技術を活用して、海外進出を図る企業も増えています。

# 近年の海外進出の特徴

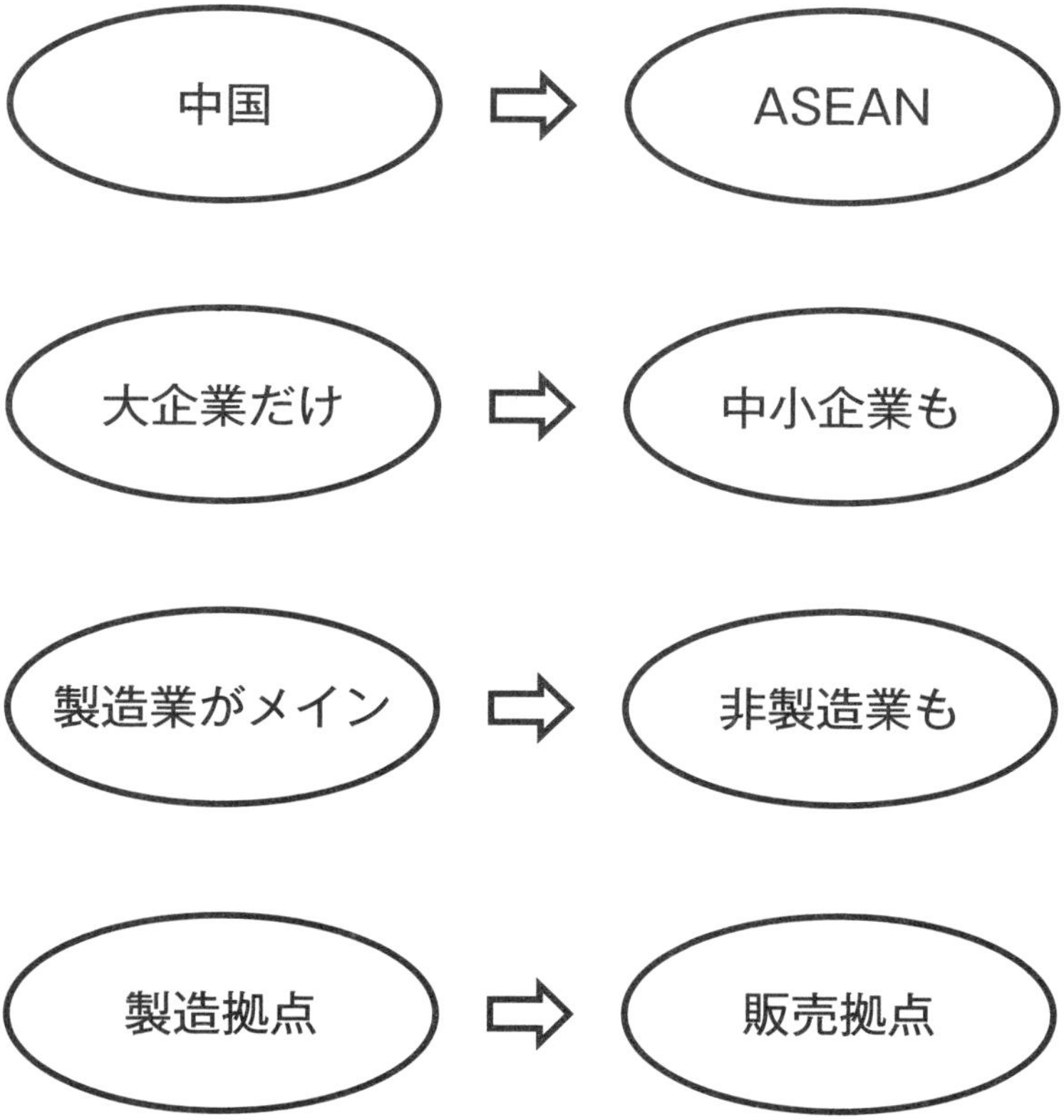

# 3 海外進出企業の税務調査の実態

## 国際税務専門官の配置と国家間の情報交換

**●国税庁の取組**

　海外進出をした場合であっても、日本の内国法人が税務調査の対象となることは変更ありません。国税庁が毎年発表している「法人税等の調査事績の概要」という資料の中で「主要な取組」として「消費税還付申告法人」、「無申告法人」と並んで「海外取引法人等」も挙げられています。このことから、税務当局が海外取引のある法人に対して一般法人よりも積極的に税務調査に取り組む姿勢である事が分かります。

　海外取引を行う場合、源泉徴収や消費税の取扱い等、通常の国内取引と異なる規定が多いためミスをしやすいという側面と、海外進出企業のように日本と諸外国にグループ法人がある場合には、価格を操作して利益を移転しやすいという側面があることから、税務当局としても、調査に入った際の論点が多く、申告漏れの指摘がしやすいためだと思われます。

　実際、令和３事務年度においては、海外取引法人に対する法人税の調査の結果、法人税では総額１，６１１億円の申告漏れ所得を指摘し、源泉所得税では総額３１億円の追徴課税がありました。

**●海外進出企業の税務調査の方法**

　海外進出企業の税務調査の場合、国際税務専門官という国際取引に精通した専門官が、管轄の税務署の調査官と一緒に調査に訪れることが多くなっています。また、租税条約の情報交換規定を利用した情報交換も頻雑に行われているようです。これは、日本と租税条約を締結している国の税務当局と納税者や取引に対する情報を提供し合うもので、令和３事務年度においては、日本の税務当局からの要請による情報交換の件数は、他国の税務当局が日本の税務当局に要請した情報交換の件数の約５倍となっており、日本の税務当局の積極的な姿勢が伺えます。

# 海外進出企業の税務調査の実態

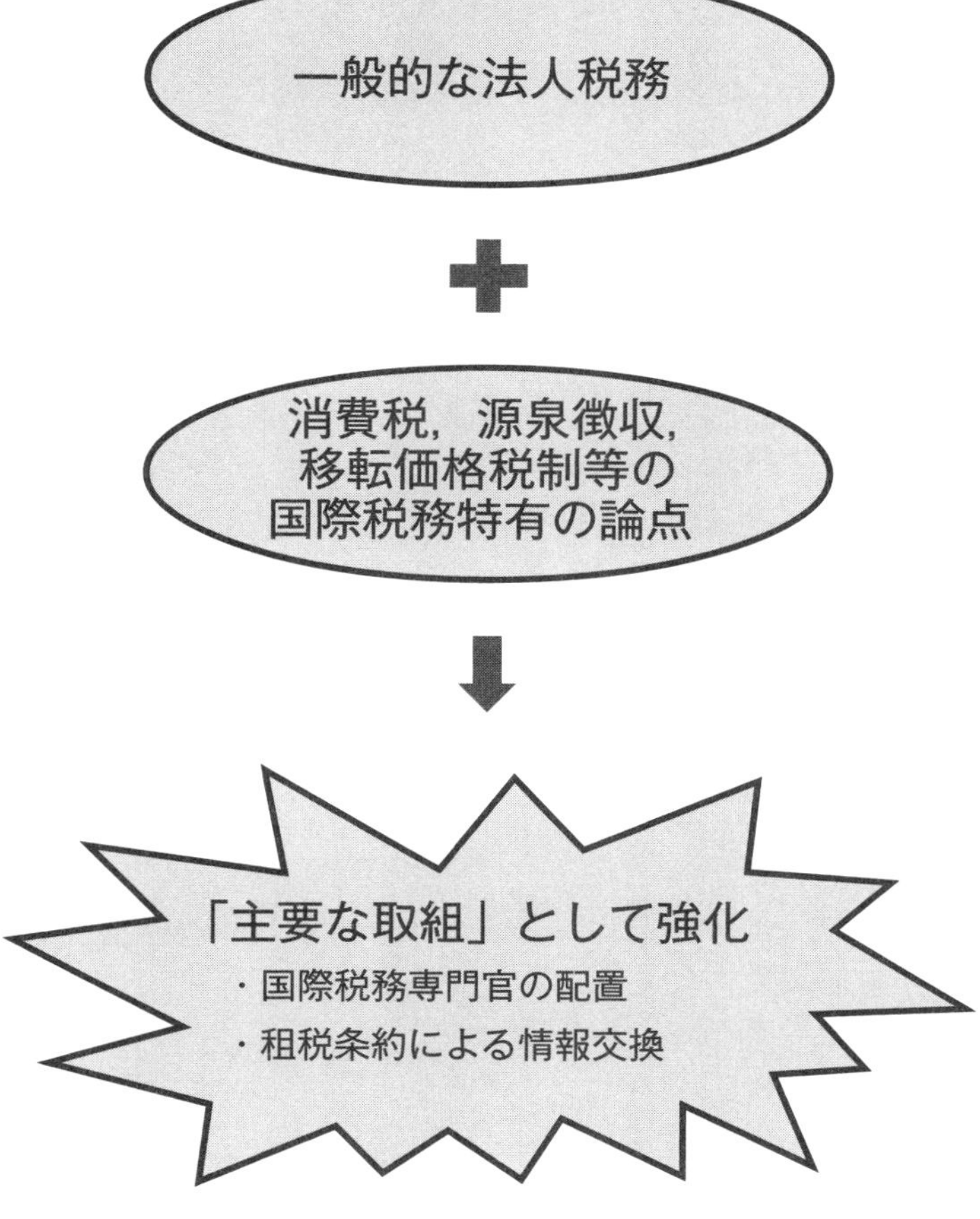

# 4 国家間の税金の奪い合い

## 企業ＶＳ低税率国ＶＳ高税率国

「○○が○億円申告漏れ」。最近の申告漏れをめぐるニュースでは巨額の申告漏れが目立ちます。こういう申告漏れのケースの場合、移転価格税制や恒久的施設の有無、居住者か非居住者かという国際税務の分野での、企業と税務当局との間の見解の相違によって起こっていることがほとんどです。

これら各項目の詳細については次節以降で詳述しますが、これらに共通するのは、少しでも納税額を抑えたい企業と、少しでも納税額を増やしたい税務当局との間のせめぎ合いという図式です。日本は世界的に見て法人税率がかなり高い部類に入り税負担も重いため、このようなせめぎ合いが生じるのは仕方がありませんが、その一方でこれは企業と税務当局との間の問題にとどまりません。

日本は多くの国との間で租税条約を締結しており、これらの国との間では基本的に二重課税を排除する方針になっています。つまり、日本で納める税金が増えるということは、もう一方の国で納める税金が減るということであり、「税金の奪い合い」の状況です。

これは日本だけの問題ではなく、世界的に見てもさまざまな国の間で生じています。多国籍企業グループが増えている現状で、なるべく税率の低い国に利益を集めようとする企業と、それを守ろうとする低税率国、それを奪おうとする高税率国、国際税務はそういった構図で捉えると理解しやすいかもしれません。

実際に、巨大ＩＴ企業を中心に、企業誘致を目的として法人税率を低く設定している国に所得を集め、企業グループ全体の実効税率を極度に抑え、先進国の税金収入が減少するという事象が横行していたことから、近年では、国家間の過度な税金獲得競争を抑える目的で先進国を中心にＢＥＰＳプロジェクトという動きも出てきています。

# 企業 vs 低税率国 vs 高税率国

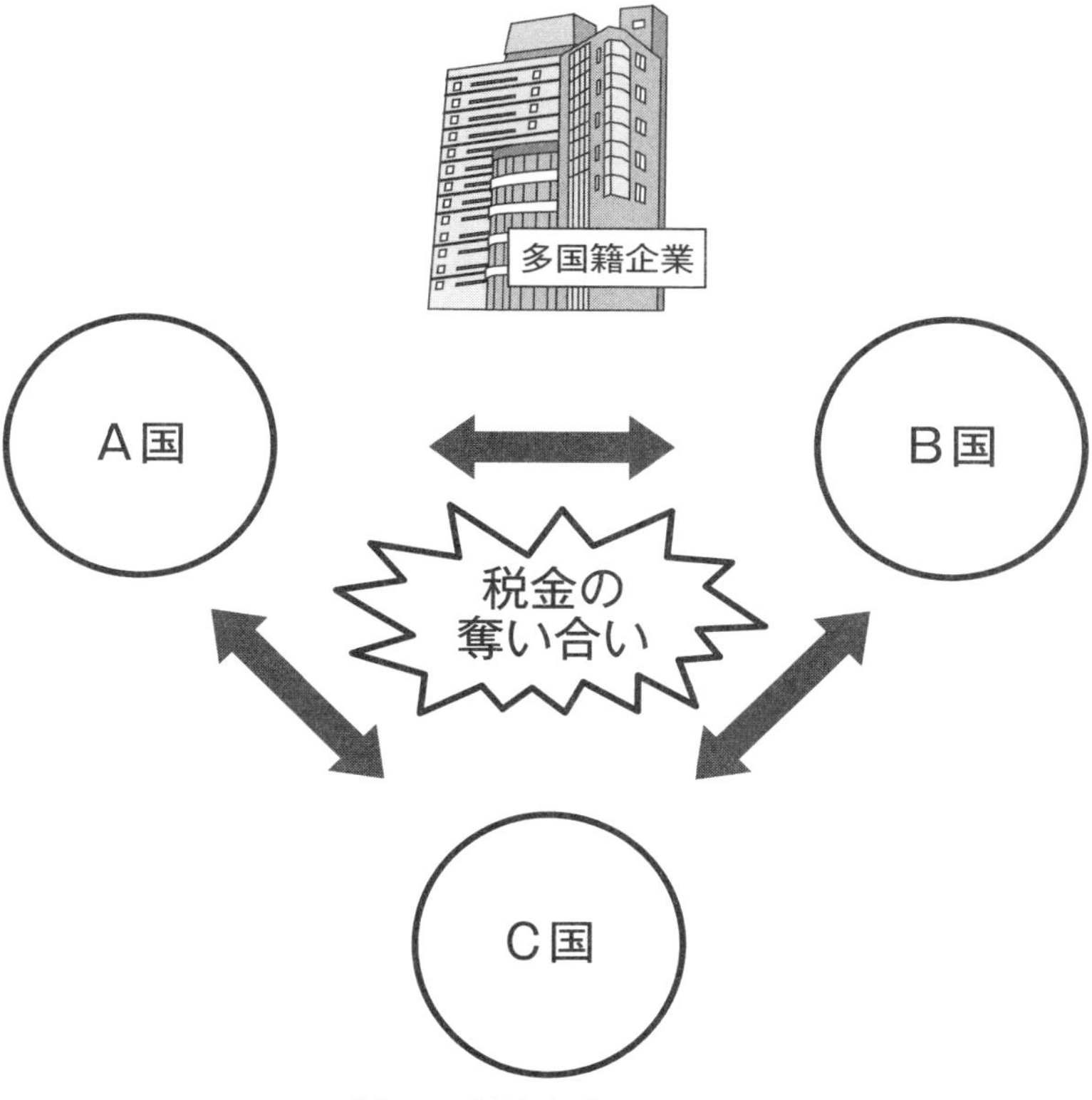


- どこの利益か？
- どこに税金を納めるべきか？

# 5 税金はコスト？

## 企業にとって税金は費用に該当

税金は何のためにあるのでしょうか？　税金の存在意義として、公共サービスの費用調達機能や所得の再分配機能等、さまざまな機能があるとされています。このように社会全体から税金の意義を考えると、税金は必要不可欠な制度です。

社会制度の維持に必要不可欠な税金ですが、企業の視点にフォーカスすると、税金の位置づけは少し変わってきます。では、企業にとっての税金とはどういう存在なのでしょうか？　結論からいえば、企業にとっての税金は費用以外の何ものでもありません。

企業は投資家から集めた資金を事業に投資し、その事業から利益を生み出すことを最大の目標として日々活動をしています。そのためには、収益をできるだけ大きくし、費用をできるだけ少なくする必要があります。企業活動においての税金は利益をマイナスさせる要因となりますので費用に該当します。決算書上も「租税公課」や「法人税、住民税及び事業税」等の費用項目で処理されます。

以前は、税金をたくさん納めている企業は素晴らしいという考え方もあり、積極的に納税している企業もありましたが、これは企業の本質的な目標である利益の最大化の追求という観点からは不自然な行動です。

最近では株主利益の最大化を求める声が増加していることや、企業競争の激化によって資金にゆとりのある企業が少なくなっていることから、企業の本来の目的である利益の最大化を追求する企業が増え、税金も費用の一部として、いかに削減するかを考えている（＝タックスプランニングをしている）企業が増えています。税制は国によって違いますので、特に多国籍企業グループにとってはタックスプランニングの良し悪しによって最終利益が数倍から数十倍もしくはそれ以上に違うということもあり得ます。

## 税金の存在意義

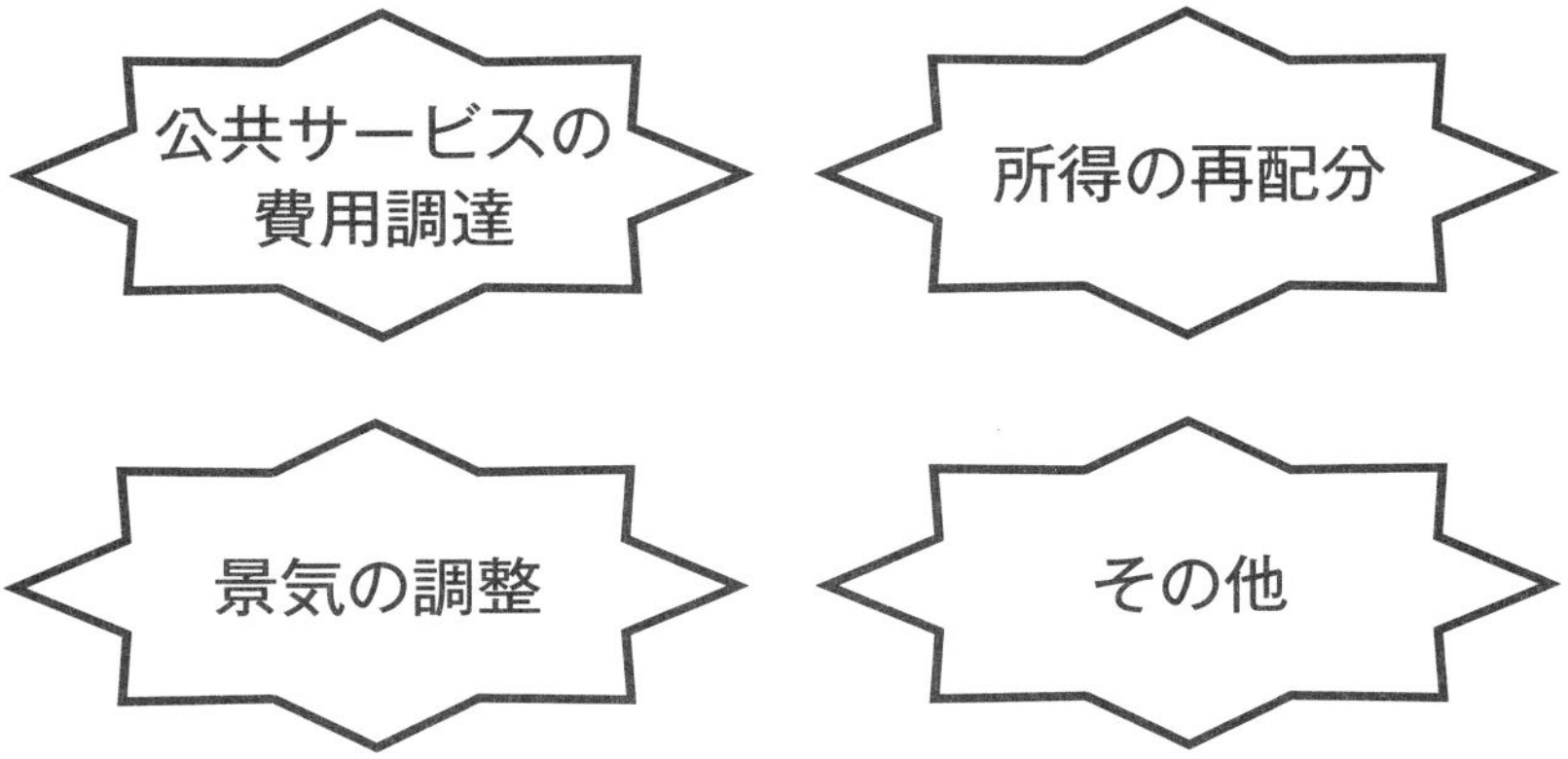


## 企業にとっての税金

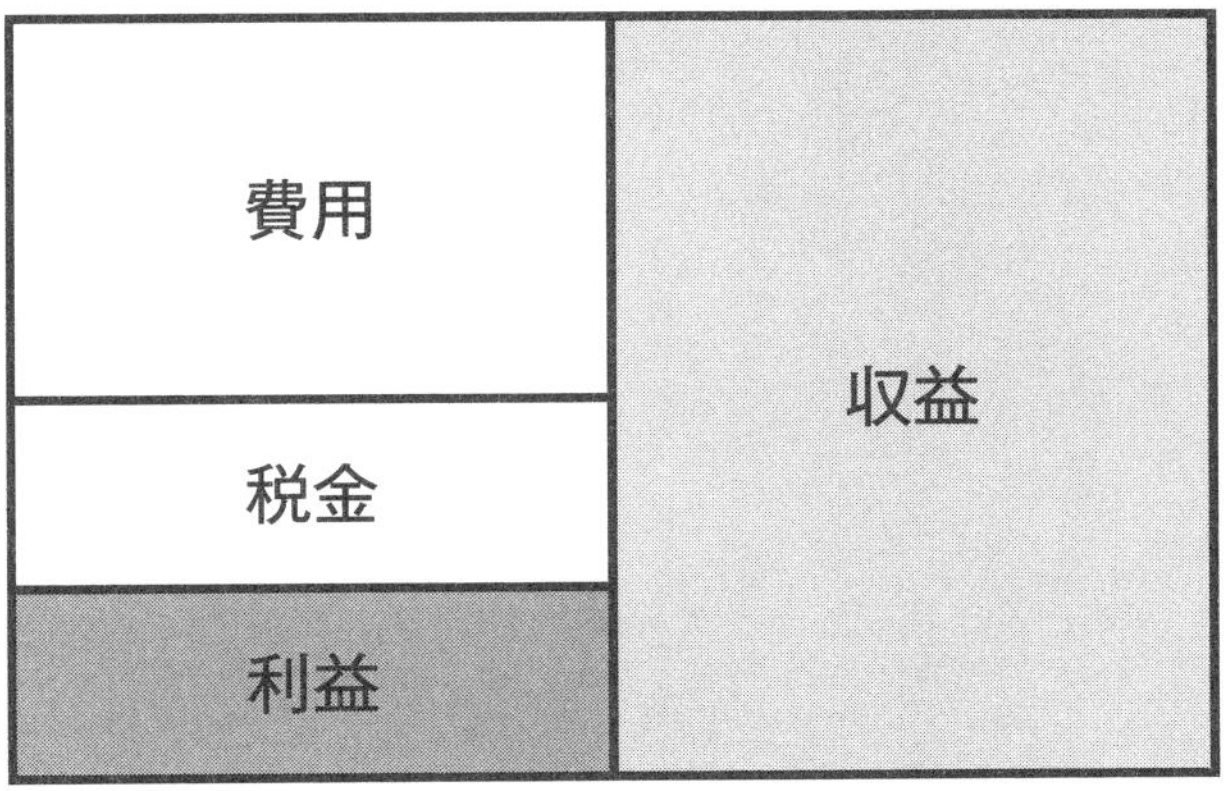

# 6 グローバルタックスプランニングの時代

## 中小企業も避けて通れない時代に

経済活動には国境がありませんが、税制は各国ごとに異なります。多国籍企業グループがその拠点を決める場合には、地理的な条件や、雇用環境、その国の政治的・経済的安定性等さまざまな経済合理性に基づいて決定しますが、近年では、税制の違いに着目して拠点を決めるケースが増えています。

前述したように企業にとって税金は費用であり、多国籍企業グループにとっては、タックスプランニングにより、税金費用の最少化を果たすことが責務になってきています。

他方、各国にとっても、企業を誘致することによって生まれる雇用やインフラ整備等が、その国の経済発展にとって重要な要素となることもあります。特に資源のない国にとっては企業を誘致できるかどうかがその国の経済を左右することさえあります。そういった国々は多国籍企業グループを誘致するために税率を低くする、税制特区を制定する、誘致企業に対し優遇措置を与える等の政策をとり、積極的に企業を誘致します。

古くは、ケイマン諸島や英領ヴァージン諸島等の資源や産業がない国や地域がタックスヘイブンとして有名でしたが、近年では新興国を始め多くの国が法人税率を引き下げることによって企業誘致をしており、法人実効税率が30%近い、もしくは超える国は日本やドイツ等、現在では数えるほどしかありません。

そういった状況下では、企業は各国の税制の違いを意識したタックスプランニングを行えるか否かが、グループ全体の実効税率に大きく影響します。特に、世界的に見ても法人税率が高い日本に拠点を置く企業にとっては、重要な課題と言えるでしょう。今まではグローバルタックスプランニングというと大企業の話と思われがちでしたが、中小企業の海外進出が増えた現在では、中小企業も避けて通れない分野になってきています。

# 進出国決定の条件

地理的
条件
実効
税率
雇用
環境
多国籍企業
税制
特区
国の
安定性
優遇
税制
ビジネス上の検討
グローバルタックス
プランニングの検討

column コラム

## 海外進出と海外送金

インターネットの発達によって，現地の情報が入手しやすくなり，海外進出のハードルが低くなってきていますが，実際に海外に進出しようとすると，日本での拠点展開とは違い，いろいろな場面で乗り越えなければならない壁にぶつかります。その中でも，最近特に問題になっているのが海外送金の困難さです。海外進出を果たすため，もしくは既に海外進出を果たしている企業がビジネスを円滑に行うためには，スムーズな海外送金は欠かせませんが，ここ数年で，送金に時間がかかる，送金が止められる等のケースが増えており，地方銀行の中では海外送金から撤退する銀行も出てきています。

世界的にマネーロンダリングやテロ資金供与対策で国際送金をする際に，本人確認の厳格化や，送金目的や資金の拠出元，送金先の詳細な確認が求められる中で，日本の金融機関もここ数年で，特に厳しく審査をするようになりました。特にメガバンク以外の地方銀行では，海外送金を取り扱っている銀行でも，現実的に提出不可能な資料を要求し，海外送金を断る銀行も増えています。これは海外進出をしている，もしくは目指す企業にとって大きなダメージを与えています。

もちろん，金融機関としてはマネーロンダリングやテロ資金供与を防ぐことは非常に重要なことですが，その一方で政府が掲げる「海外展開支援」や「地方創生」を進めるための１つの手段として，地方企業の海外進出も重要な役割を担っており，それが円滑に進まないことは非常に残念です。

しっかりとした審査はしつつ，利便性を悪くしない，今後地方の金融機関にはこういうスタンスが求められるのではないかと思います。

# 第2章

# 国際税務と国内税務って なにが違う？

7 国内法と外国法と租税条約

8 国によって違う租税体系

9 内国法人の定義は国によって違う

10 適用税率も国によって違う

11 課税範囲も国によって違う

# 7 国内法と外国法と租税条約

## 日本では租税条約が優先

国際税務を考える際に重要な法令の要素として、「国内法」、「外国法」、「租税条約」の３つがあります。

### ●国内法

「国内法」というのは、日本の税法のことで、法人税法、所得税法、消費税法を始めとする各種の日本の税法を指します。企業が海外進出を考えようが考えまいが、内国法人である以上は、この「国内法」には必ず従わなければなりません。

### ●外国法

「外国法」というのは、日本以外の諸外国の法令のことで、税法も他の法令も、その体系や内容は国によって異なります。内国法人のすべてが従わなければならない「国内法」とは違って、「外国法」は基本的にはその国に進出しない限りは影響のない法律です。

### ●租税条約

「租税条約」というのは、二重課税の排除や脱税の防止を目的として、ある国と別の国が二国間で結んでいる租税に関する条約のことで、日本の場合、２０２４年２月１日現在で１５５カ国・地域と締結しています。租税条約にはＯＥＣＤモデル条約という基本的なモデルはありますが、すべてがそのモデルに従っているわけではなく条約によって内容が異なりますので、適用される二国間の条約をしっかりと把握する必要があります。「租税条約」は「国内法」と「外国法」の関係を補完する立場にあり、企業にとってはその適用により有利になることが多くなっています。

### ●国内法と租税条約はどちらが優先？

日本の場合、「国内法」に比べて「租税条約」のほうが優先され、「国内法」と「租税条約」で違う取扱いが定められていれば「租税条約」の規定が優先されますが、国によっては「租税条約」が優先されない場合もありますので、注意が必要です。

# 国内法と外国法と租税条約

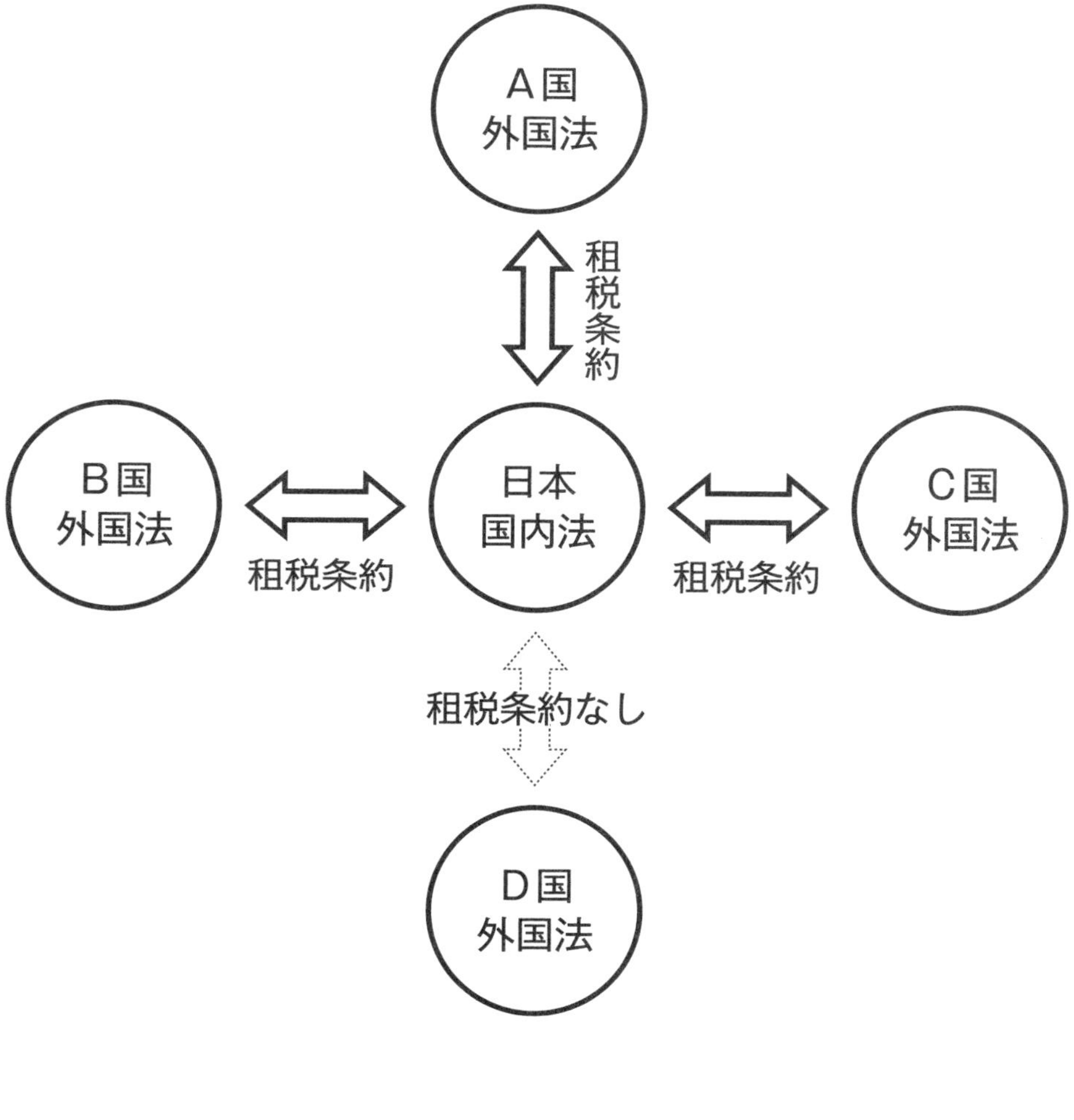

# 8 国によって違う租税体系

## 自国の状況や慣習に応じた税制

前述したように、税法は国によって異なります。少し難しい話をすると、各国は主権国家として税法に限らず、法律を自由に定める権利を持っています。これは他国が侵害する事のできない権利であり、各国はそれぞれの状況に応じた独自の法体系を持っており、税法も他の法律同様に各国独自に定められます。

一般的に、税金は国家の収入の大部分を占め、どのような租税体系にするのかは国家の戦略に関わる重要な部分です。そのため、各国は自国の状況や慣習に応じた税制を作り上げ、時代の変化に応じて改正を行います。また、日本の租税特別措置法のように政策的に時限的な税制が存在する場合もあります。

その結果として、まず国によって存在する税目が違います。例えば日本の相続税に相当する税目はイギリス、フランス、ドイツ等では存在しますが、他の多くの国では存在しません。また、ブルガリアの「独身税」（現在は廃止）、イギリスの「渋滞税」、ハンガリーの「ポテトチップス税」、アメリカの「ソーダ税」等、日本では考えられない税目が存在する国もあります。

同じような税目であっても国によって課税標準や税率等が異なります。例えば、日本の法人税では全世界で稼得したすべての所得に対して課税されますが、シンガポールのように株式譲渡に対しては課税しない国や、香港のようにその地域内の所得に対してのみしか課税しない地域もあります。

また、タックスヘイブンといわれている、税金がほとんど存在しない国や地域もあります。これは小さな島国等、資源がほとんどなく、産業の発達も期待できない国や地域が、税金を課さないことにより、国際金融取引や国際物流取引の拠点となろうという国家戦略のもとに採用されているもので、ケイマン諸島やパナマ等が有名です。

## 各国の特徴が税制にあらわれる

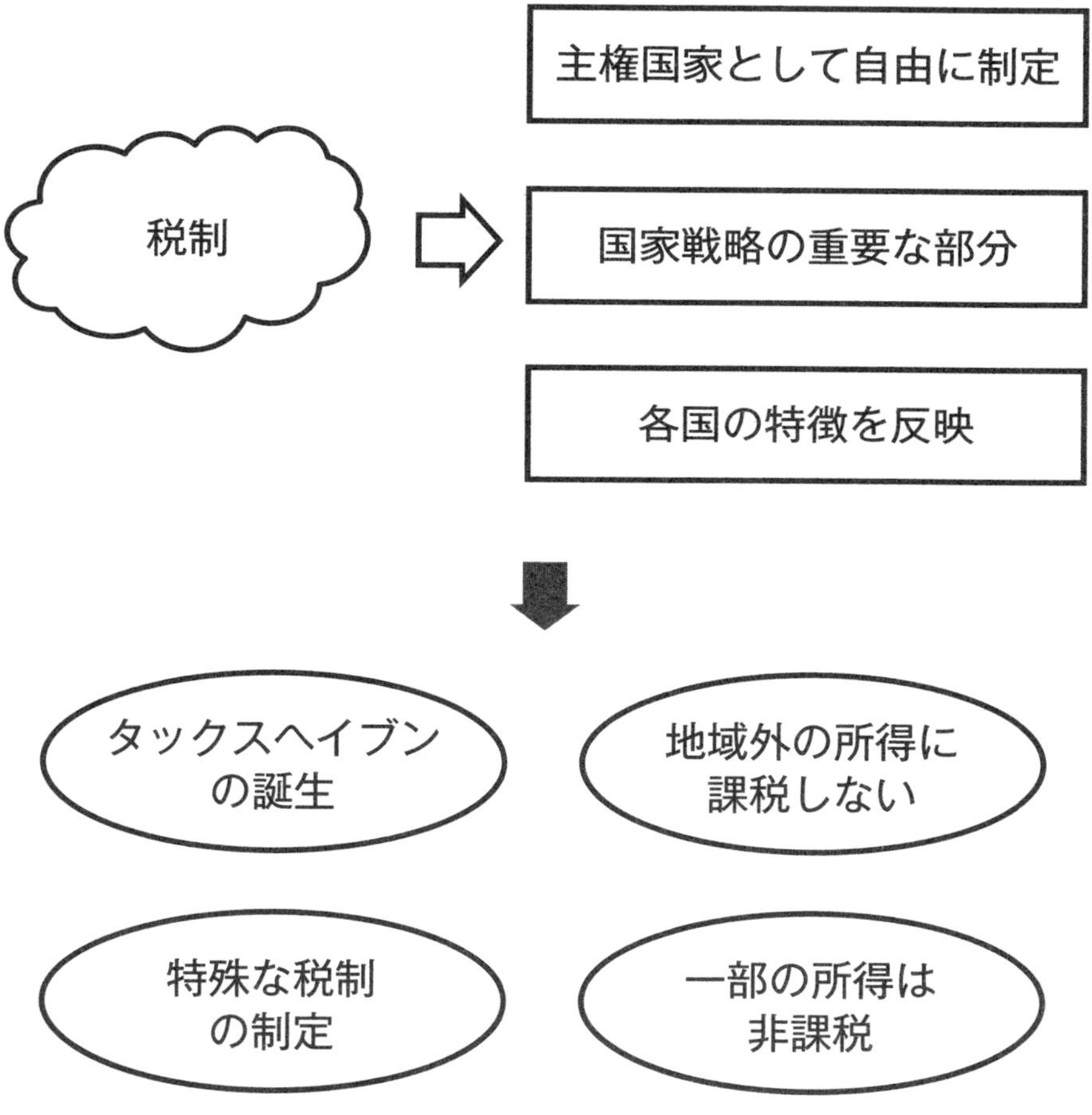


各国の特徴を表した税制が生まれる

# 9 内国法人の定義は国によって違う

## 日本では本店所在地主義で判断

日本の法人税法では、内国法人か外国法人かによってその課税所得の範囲が違います。これは他の多くの国においても同様で、内国法人か外国法人かによって課税所得の範囲や適用される税率、課税方法等が異なります。

日本の法人税法では、内国法人は「国内に本店又は主たる事務所を有する法人をいう。」と定義され、外国法人は「内国法人以外の法人をいう。」と定義されており、基本的に「国内に本店があるかどうか」が判断のポイントとなります。これを「本店所在地主義」といいます。

日本人の感覚ではこの本店所在地主義によって内国法人か外国法人かを判断するのがなじみ深いですが、諸外国にはこの本店所在地主義以外に「設立準拠法主義」と「管理支配地主義」という2つの考え方があります。

「設立準拠法主義」というのはその法人が設立された準拠法の所在国の内国法人とするという考え方です。日本の場合は海外で日本の会社法に則って法人を設立することができないため、本店所在地＝設立準拠法地となりますが、諸外国においては自国の法律に則って海外に法人を設立することが可能な場合もありますので、本店所在地≠設立準拠法地ということもあります。

「管理支配地主義」というのは、その法人が管理・支配されている国の内国法人とするという考え方です。例えば、株主総会が開催されている、取締役会が開催されている、法人にとっての重要な機能が存在する等の客観的事実によって、内国法人かどうかを判定します。

これら3つの考え方については、国によってどれか1つを採用しているというわけではなく、2つ以上を採用しているケースもあります。また、国内法と租税条約で採用する方法が違うケースもあります。

前述したとおり、内国法人か外国法人かによって税務上の取扱いが大きく異なりますので、海外進出をする際は注意すべき項目です。

## 内国法人の決定方法

| |
|---|
| **本店所在地主義**<br>本店の所在する国または地域で判断 |

| |
|---|
| **設立準拠法主義**<br>法人設立の準拠法で判断 |

| |
|---|
| **管理支配地主義**<br>法人が管理・支配されている場所で判断 |

# 10 適用税率も国によって違う

## 日本は所得に対する税率が高い

租税体系が国によって違うことは前述しましたが、同じ税目であっても、税率も千差万別です。

現在、日本の法人税（住民税及び事業税を含む。）の実効税率は29・74％（中小企業は33・58％）といわれています。財務省のデータによれば、２０２３年1月現在の諸外国の実効税率はアメリカ（カリフォルニア州）27・98％、フランス25・00％、イタリア24％、イギリス19％等となっており、日本はかなり高い部類に入っています。

最近の世界の傾向として、法人税の実効税率を下げて企業を誘致し、雇用を生むという戦略を取る国が多くなっており、法人の実効税率が25％を超える国というのは少なくなっています。

個人の所得税率は累進税率となっている国が多く、日本の場合は最高で55％（住民税を含む。）となっています。これはシンガポールや香港等の20％以下である国と比べると高いですが、アメリカ、イギリス、ドイツ、フランス等の先進国は50％前後ですので、あまり差がありません。

消費税や付加価値税の税率も国によって違います。日本では10％ですが、これは世界では低い部類に入ります。EU諸国はすべての国が15％以上ですし、世界には20％以上の国も多くあります。ただ、これらの国でも食料品や生活必需品等には軽減税率を採用している国もあります。

このように同じ税目であっても、各国によって税率にはかなりの違いがあります。世界の税金のうちの大部分は法人税や所得税等の「所得に対する税金」か、消費税・付加価値税のような「消費に対する税金」です。日本は所得に対する税率が高いが、ヨーロッパの国々は消費に対する税率が高い等、どちらの税収を増やすかは国によって異なっています。

# 法人実効税率の国際比較

（2023年１月現在）

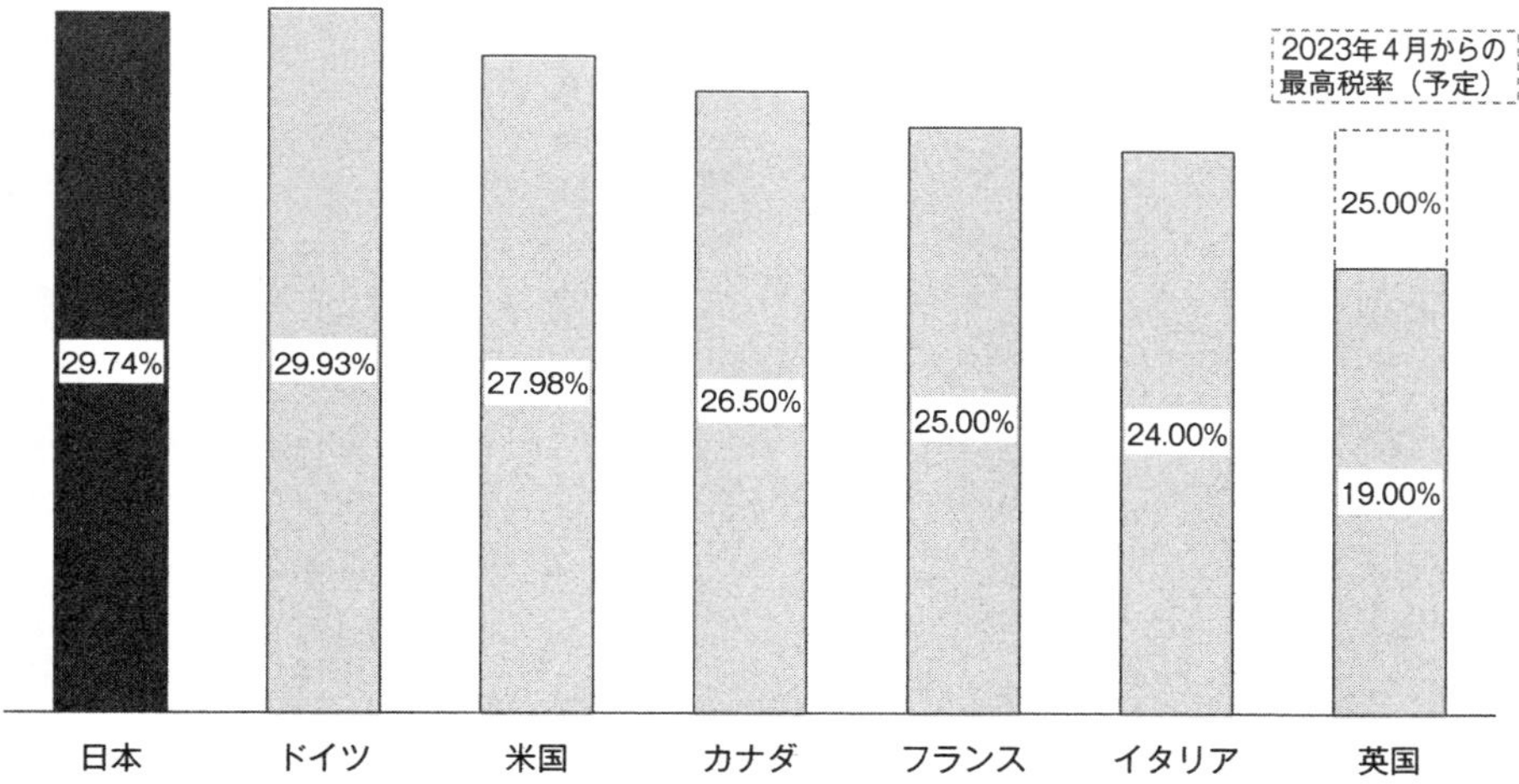


（注１）法人所得に対する税率（国税・地方税）。地方税は，日本は標準税率，ドイツは全国平均，米国はカリフォルニア州，カナダはオンタリオ州。
なお，法人所得に対する税負担の一部が損金算入される場合は，その調整後の税率を表示。

（注２）日本においては，2015年度・2016 年度において，成長志向の法人税改革を実施し，税率を段階的に引き下げ，34.62%（2014年度（改革前））→32.11%（2015年度），29.97%（2016・2017年度）→29.74%（2018年度～）となっている。

（注３）英国について，引上げ後の最高税率（25%）は，拡張利益（※）25万ポンド（4,200万円）超の企業に適用（現行は一律19%）。なお，拡張利益25万ポンド以下では計算式に基づき税率が逓減し，5万ポンド（840万円）以下は19%に据え置き。※拡張利益とは，課税対象となる利益に加えて他の会社（子会社等を除く）から受け取った適格な配当を含む額のことを指す。

（備考）邦貨換算レートは，１ポンド＝168円（裁定外国為替相場：令和５年（2023年）１月中適用）。

（出典）各国政府資料

# 11 課税範囲も国によって違う

## 日本は「全世界所得課税」を採用

### ●全世界所得課税と国外所得免税

日本の法人税法によると、内国法人の課税所得の範囲は「所得」となっており、原則として国内外含めたすべての所得に対して法人税が課されるのに対し、外国法人は「国内源泉所得」のみに法人税が課されることとなっています。なお、日本の法人税法では外国法人の場合、後述する恒久的施設（PE）の有無によって国内源泉所得の中でも課税範囲が変動します。

このように内国法人に対してはすべての所得を課税対象とする「全世界所得課税」を採用し、外国法人に対しては、当該国または地域から生じた源泉所得のみを課税対象とする「国内源泉所得課税」を採用している国は日本以外にもアメリカ、イギリス、ドイツ、中国等多数あります。

その一方、フランスや香港のように内国法人に対しても国内源泉所得課税のみ、つまり国外所得免税を採用している国もあります。この方式を採用している場合、国際税務の世界で最も頻繁に論点になる国際的二重課税の問題は生じにくくなります。

### ●所得の種類と課税範囲

日本の法人税法では、内国法人は「所得」すべてが課税の対象となっており、原則として本業から生じた所得も、投資から生じた所得も区別なく課税されます。それに対して、株式配当や株式の譲渡損益等の資本取引に対しては課税しない国等、すべての所得を課税対象とするのではなく一部の所得を課税対象から外している国もあります。

日本でも過去の税制改正により、外国子会社からの配当は益金に含めない（正確には5％は含まれますが）制度が制定されたように、全世界所得課税を採用している国であっても所得によっては課税範囲に含めないというケースも出てきています。

## 課税所得の範囲

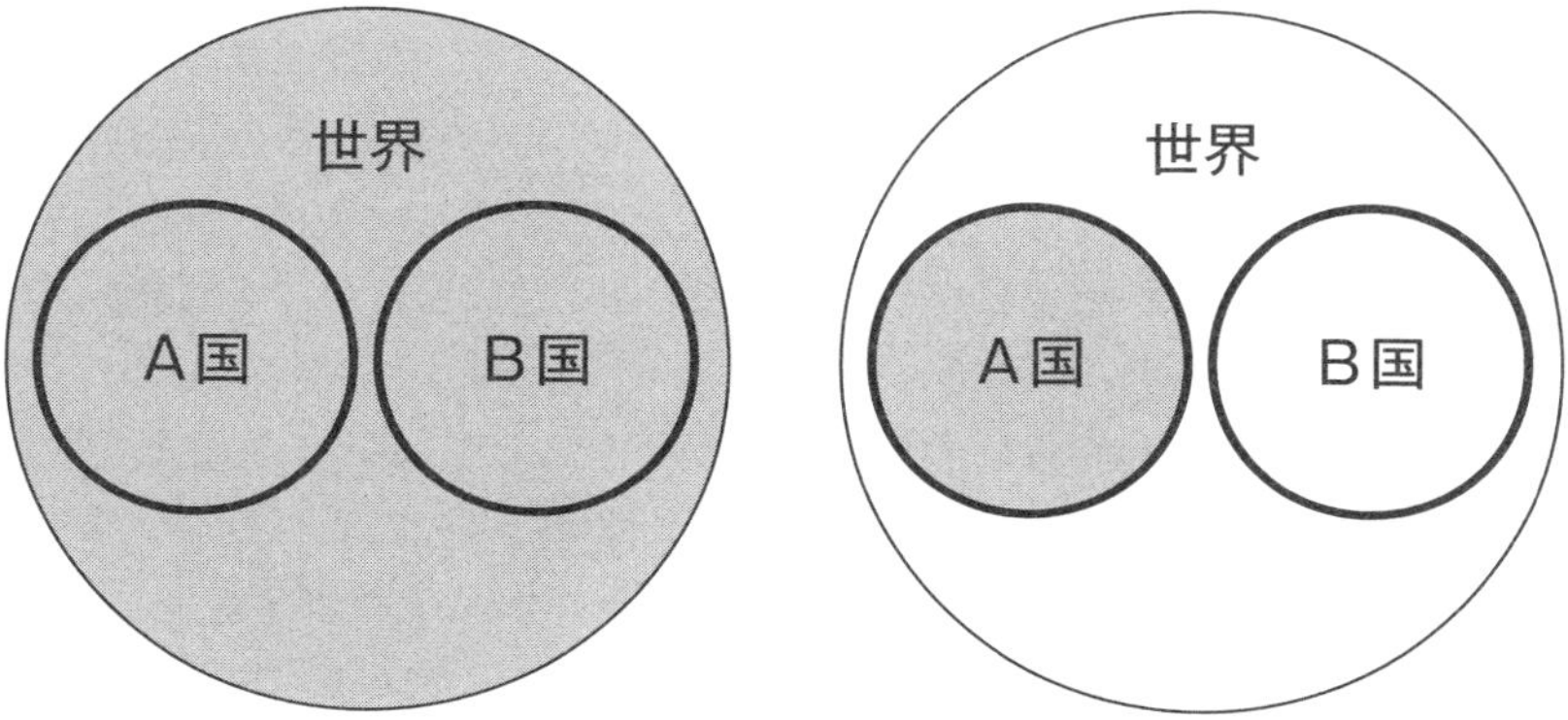


全世界所得課税　　国内源泉所得課税

## 課税対象収入の範囲

| 日本 | 香港 |
|---|---|
| 事業収入（課税） | 事業収入（課税） |
| 株式譲渡収入（課税） | 株式譲渡収入（非課税） |
| 配当収入（課税） | 配当収入（非課税） |

column コラム

## 海外関連企業の税務調査と税理士

海外と取引がある企業や，海外に進出している企業の税務調査の際には，「国際税務専門官」という調査官が帯同することが多くなっています。国際税務専門官はすべての税務署にいるわけではなく，比較的大規模な税務署に所属し，その周辺地域の管轄の税務署の調査官に同行して調査を行うことが多いようです。また，最近では管轄内に海外関連取引を行っている企業が多い税務署では１つの部署全体を国際調査部隊としているところもあります。

国際税務専門官の制度ができた当初は，能力もバラバラで必ずしも優秀でない調査官もいましたが，最近の国際税務専門官は非常に良く勉強されており，国際税務で論点となりやすい源泉所得税や消費税等の論点を的確に指摘してきます。

それに対して，企業側も顧問税理士とともに対応しますが，国際税務に明るくない税理士の場合には，日常の取扱いの中に明らかな間違いがあったり，資料の整備等の調査の準備ができていなかったり，指摘に対する反論ができなかったりして，調査でたくさんの指摘を受けることが多くなってきています。国際税務専門官は優秀な人が増えてきたといっても，経験が少ないせいか明らかに間違った指摘をする人もいますので，そういった指摘に対して反論できないと不必要な課税を受けることもあります。

最近では，従来の顧問税理士の他に国際税務専門の税理士に日々の国際取引のアドバイスを依頼する企業が増えており，調査の場面でも「一般の法人税の応対は顧問税理士」，「国際税務専門官とのやり取りは国際税務専門の税理士」と区分するケースも増えてきています。

国際税務に限らず，税務の世界は年々複雑になってきています。今までのように顧問税理士は１人いれば十分という時代ではなく，専門分野ごとに専門性の高い税理士に依頼することが当たり前の時代が来るのもそう遠くないのかもしれません。

# 第3章

# 国際税務で気をつけたいキーワード

# 12 居住地国ってなに？

## 2以上の国の居住法人になるケースもある

### ●居住地国と居住者・居住法人

法人や個人がどの国に居住しているか、すなわちどの国に本拠を置いているかを指す言葉を「居住地国」といい、その国を居住地国としている個人または法人を、国際税務の世界では「居住者」または「居住法人」と呼びます。

日本の所得税法では日本を居住地としている個人を「居住者」と呼ぶので理解しやすいと思いますが、法人税法では日本を居住地としている法人を「内国法人」と呼ぶため、聞き慣れない感じがするかもしれません。

個人の場合も法人の場合も、各国の国内法で、自国の居住者もしくは居住法人であるかどうかを定めており、個人の場合には生活の本拠の有無や183日ルール等によって、法人の場合には前述のように「本店所在地主義」や「管理支配地主義」、「設立準拠法主義」等によって、規定されています。

ただ、各国の国内法の判定基準は同一ではないため、2以上の国の居住者や居住法人になってしまうケースもあります。そのような場合には、租税条約が締結されている国であれば、租税条約によってどちらの国の居住者または居住法人であるかが判定されますが、租税条約が締結されていない国の場合には、「どちらの国でも居住者または居住法人」という事態も生じます。

### ●居住地国における課税

一般的に、居住地国においては全世界所得課税を採用している国が多く、その国の居住者や居住法人とされた場合、その国を源泉とする所得だけでなく、すべての所得に対して課税されます。

ただし、居住地国で全世界所得課税を採用している場合には後述する「二重課税」が発生しやすいので、外国税額控除等の制度によって他国で発生した税金は控除できるのが一般的です。

## 居住地国の判定

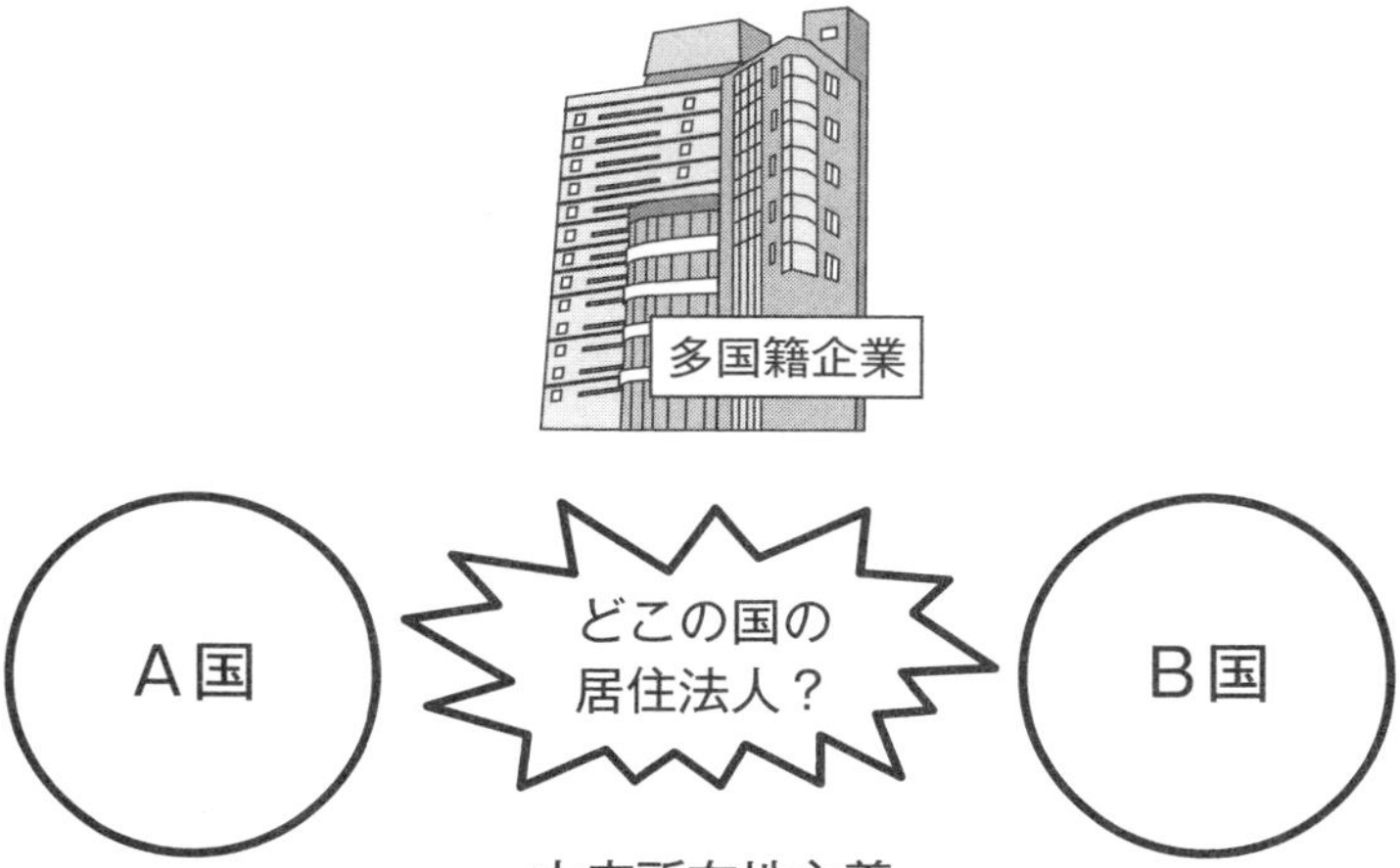


- 本店所在地主義
- 設立準拠法主義
- 管理支配地主義

2カ国で居住法人となった場合 ➡ 租税条約で解決

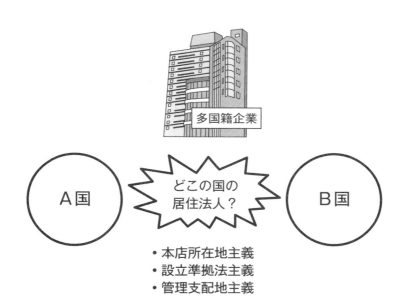

# 13 所得源泉地国ってなに?

## A国で製造した製品をB国で販売した場合は?

**●所得源泉地国とは**

法人や個人が得た収益がどの国を起源とするものか、どの国で稼得したものかを指す言葉を「所得源泉地国」といいます。

ビジネスが国境を越えるのが当たり前の今日においては、居住地国以外でも収益を得る機会が増えています。例えばA国内で製造した製品をA国内で販売した場合のように、1つの特定の国の中だけで完結する取引から得る収益であれば、所得源泉地国は容易に判定できます。

しかし、それをB国に輸出して販売したような場合等、その取引が2カ国以上にわたる場合には、どの国が所得源泉地国となるかの判断が難しい場合もあります。その国が所得源泉地国かどうかによって、課税関係も変わりますので、「所得源泉地国がどこなのか」というのは重要な論点です。

一般的に、ある所得が、その国の源泉所得になるのかどうかという規定は各国の国内法に規定されています。ところがA国で製造した製品をB国で販売したような場合等、2カ国にまたがる所得では、両国の国内法でどちらの国の源泉所得にもなる場合があります。その場合、租税条約が締結されている2国間であれば、租税条約の規定により、どちらの国の源泉所得となるかが決定されます。

**●所得源泉地国における課税**

所得源泉地国において、その国の居住者または居住法人でない個人または法人が稼得した所得については、居住地国だけでなく所得源泉地国にも課税権があるという考え方が国際税務の世界では一般的です。

そのため、各国の税法でもそのような規定になっていることが多く、所得源泉地国でも納税が必要となっています。なお、所得源泉地国での納税は、自らは行わず、支払者による源泉徴収のみで完結する場合もあります。

# 所得源泉地国の判定

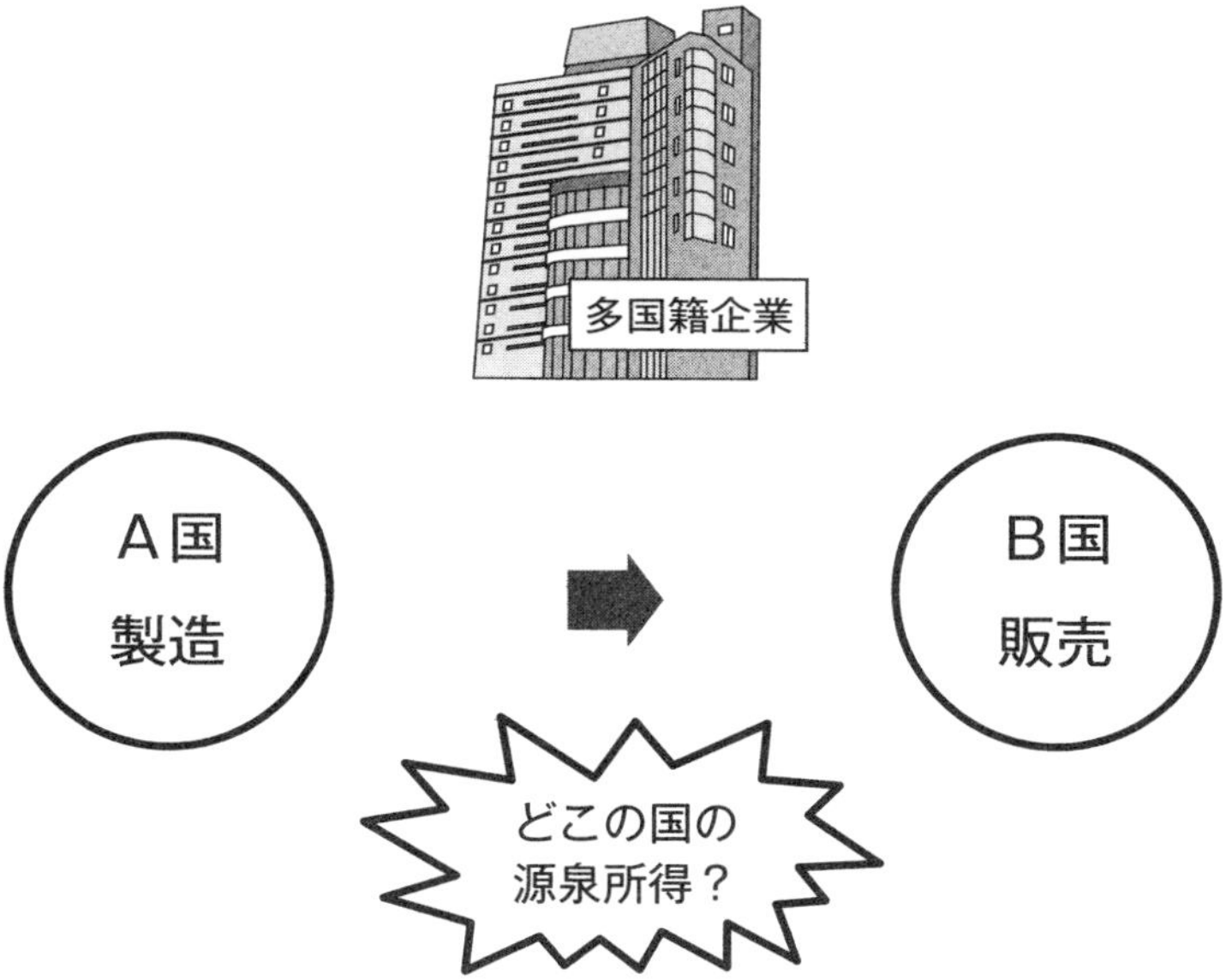


居住国と
所得源泉地国が
違う場合

➡

所得源泉地国で
課税権があるとする
考え方が一般的

# 14 PE（恒久的施設）ってなに？

## PEの有無で変わる課税関係

### ●PEってなに？

国際税務の世界で重要な考え方の1つとしてPE（恒久的施設）というのがあります。PEというのはPermanent Establishmentの略で、日本の法人税法では、支店や工場、その他事業を行う一定の場所の他、1年を超えて建設作業等を行う場合や、代理人等を置いている場合も、PEがあることとされています。

一方、市場調査等を目的とした駐在員事務所については、PEとされていません。簡単にいえば、利益を上げるために事業を行う拠点はPE、まだ利益を上げていない事業拠点はPEではないという考え方となっており、これは世界各国の税法においても共通の考え方となっています。

### ●PEがある場合

ある国にPEがある場合には、その国において営業拠点を持って事業を行っているものと考え、その国の源泉所得については、その国で課税されるのが一般的です。

PEの定義や概念は各国の税法によって異なるので、日本の法人税法上のPEに該当しなくても、その国ではPEに該当するかもしれません。また、最近は国家間の税の争奪競争が激しく、PEの概念を拡大解釈する場合もあります。

### ●PEがない場合

国際税務の世界には「PEなければ課税なし」という言葉もあるように、PEがない場合は当該国での事業所得については課税されないのが一般的ですが、配当、利子、使用料等については、源泉徴収される場合もあります。

日本においては、PEは物的な施設だけを指す概念でなく、代理人等も含まれますが、各国においても日本と同様もしくは日本より広い概念の場合もあるので注意が必要です。

# PEと課税の有無

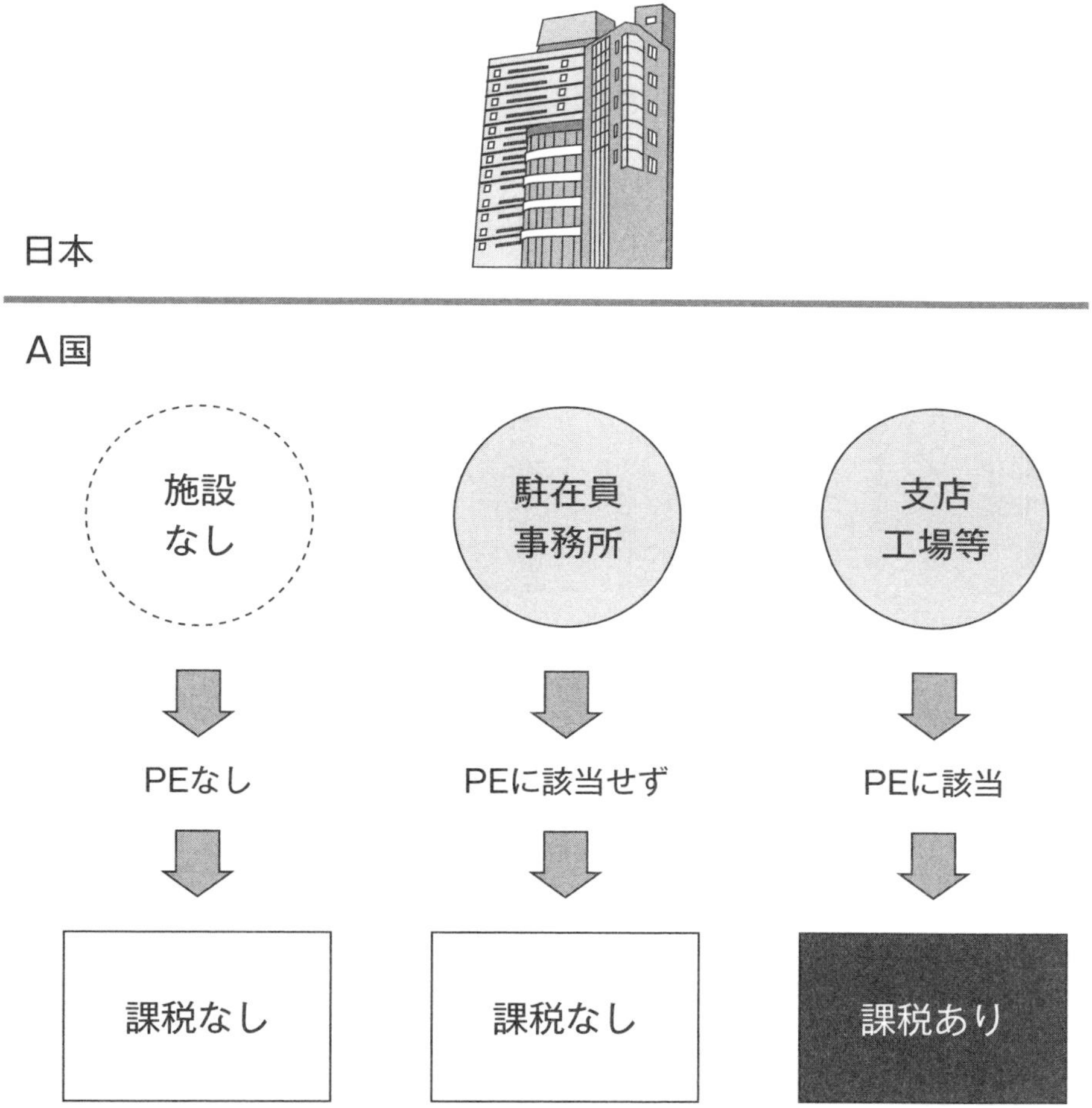
日本
A国
施設
なし
駐在員
事務所
支店
工場等
PEなし
PEに該当せず
PEに該当
課税なし
課税なし
課税あり

# 15 インターネットビジネスと課税問題

## サーバーがＰＥになることもある

### ●インターネットビジネスに税法はなじまない？

近年、インターネットを利用した電子商取引が活発になっています。電子商取引では、これまでのようにモノの販売ではなく、電子書籍や音楽、ゲーム等のデジタルコンテンツの提供が増え、非常に便利な世の中になりました。

その一方で、昔はその国に営業拠点（ＰＥ）を設置して営業活動を行っていたのが、インターネットビジネスの場合には、営業拠点を設けなくてもその国で営業活動ができるようになっています。

ＰＥがない場合には営業活動から生じた所得については課税しないというのが一般的な国際課税のルールでしたが、これではその国で多額の利益を上げていたとしても、その国での課税を逃れることになってしまいます。

また、消費税でも海外からの提供と国内からの提供で課税が違うというのは不公平感がありました。

### ●インターネットビジネスに対する税法の変化

インターネットビジネスにおいては前述のように、ＰＥが存在しないため、その国での営業活動から生じた所得について課税されないという問題があります。

それに対してＯＥＣＤは、サーバーが一定の状況下でＰＥになり得るという見解を出したり、巨大企業に対しては２０２３年から「デジタル課税」という、利益を市場国に配分して課税するルールを定めようとしたりと、インターネットビジネスに対する課税を強化しようとしています。

日本でも、サーバーがＰＥになり得るという見解が出ているほか、消費税では「電子通信利用役務の提供」について、国内取引の判定が、役務提供者の事務所等の所在地から、役務の提供を受ける者の住所地に変更される改正が行われる等、今後も課税の適正化に向けての議論が活発に行われるものと考えられます。

# インターネットビジネスに対する課税

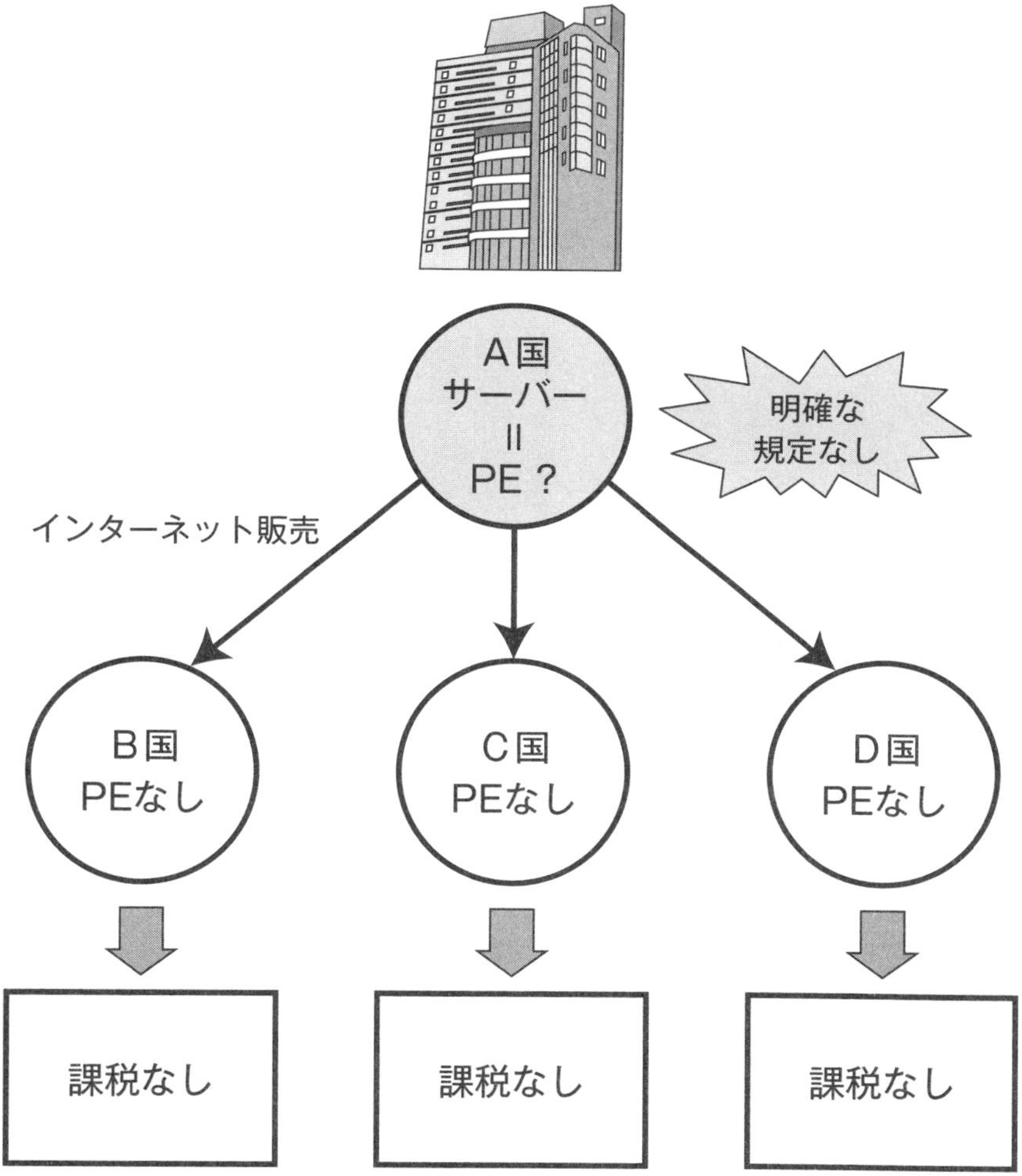


国際的な問題となっているため，今後の改正が見込まれる

# 16 183日ルールってなに？

## 日本の所得税法には規定されていない概念

### ●183日ルールと国内法

海外進出をする企業では、日本法人の役員や従業員が日本と海外を行き来することが多くなりますが、その際に良く出てくるキーワードが「183日ルール」というものです。

183日ルールというのは一般的に個人を居住者と非居住者に区分する際に1年間365日の過半数である「183日以上滞在していれば居住者とする」というルールを言いますが、日本の所得税法で規定されている概念ではないことに注意する必要があります。

日本の所得税法では居住者と非居住者を区分する方法として、「住所」の有無等を判断基準にしており、日数による判断基準はありません。

### ●183日ルールと外国法、租税条約

外国法の居住者・非居住者判定は、国によってさまざまな違いがありますが、国によっては183日以上滞在していた場合に居住者とすることが明確に記載されている場合もあります。

国内法と外国法で異なった結果になった場合、例えばA国でもB国でも居住者とされた場合には、租税条約が締結されている場合には租税条約によってどちらの国の居住者か判断することになります。租税条約の居住者・非居住者判定においては、日本の所得税法のように実態で判断しようとするものもありますし、183日ルールによって判断するものもあります。

### ●日本における注意点

前述したとおり、日本の所得税法においては、183日ルールは規定されておらず、生活の本拠によって居住者かどうかが判断されます。租税条約において明確に183日ルールが規定されている場合を除き、183日以上海外にいたからといって、必ずしも非居住者になるわけではないという点に注意する必要があります。

## 183日ルール

個人の居住国に関する
世界的に一般的なルール

183日以上滞在する国を
居住国とする

日本の所得税法に
規定されているものではない

## 日本の所得税法による居住者の判定

国内に住所または
1年以上居所を有する

滞在日数による判定はない

183日以上海外に滞在しても
居住者となる可能性もある

# 17 二重課税ってなに？

## A国の源泉所得で、B国の源泉所得？

### ●二重課税とは

1つの取引に対して1回の課税ではなく、2回以上課税されることを、一般的に二重課税といいます。例えば、法人税が課税された後の利益配当に対して、それを受け取る法人や個人で課税されてしまうと、同じ利益に対して2回の課税が行われることとなります。

国際税務の世界では1つの取引に対して2カ国以上で課税されてしまうことが二重課税として論点になります。二重課税に該当してしまうと、税負担が非常に重くなり、場合によっては稼いだ利益のほとんどに課税されてしまうこともあり得ます。

例えば、A国の居住法人がB国で行ったビジネス活動に対し、B国の法人税が50％の税率で課税され、A国でも法人税が50％の税率で課税されるとすると、税引後の利益はゼロになってしまい、これでは何のためにビジネス活動を行っているのかわかりません。

### ●国際税務における二重課税の類型

国際税務においては、前述のように居住地国と源泉地国における二重課税の問題が大きいですが、これ以外にも2カ国両方の居住法人となってしまい、どちらからも居住地国として課税されてしまうケースや、A国の税法に照らせばA国の源泉所得、B国の税法に照らせばB国の源泉所得となるケースもあり得ます。

居住地国と源泉地国における二重課税を排除するための方法としては、居住地国において全世界所得課税＋外国税額控除や国外所得免税方式を採用したうえで租税条約でも二重課税を排除するケースが多く、双方が居住地国もしくは源泉地国となってしまう場合には、租税条約によってどちらか一方の国を当該国と規定するケースが多くなっています。しかし、租税条約が締結されていない国との間ではこれらの措置がないため二重課税が発生する可能性が高くなっています。

# 二重課税になった場合

A国の居住法人
B国での事業活動
販売
A国でも課税
B国でも課税
二重課税
発生
A国の国内法による二重課税の排除
YES
排除
NO
租税条約
なし
NO
租税条約
あり
排除
不能
租税条約による二重課税の排除

# 18 国内法による二重課税の排除

## 日本は「全世界所得課税＋外国税額控除」方式を採用

二重課税は納税者に過度な税負担を強いてしまうことから、各国の国内法でも二重課税を排除する規定が置かれることが多くなっています。国内法によって国際的二重課税を排除する主な方法は次の2つです。

**●全世界所得課税＋外国税額控除**

1つ目は、居住地国において全世界所得課税とする代わりに外国税額控除という制度を設ける方法です。これは、自国以外を源泉とする所得も居住地国において課税の対象とするが、外国で納税した税額があれば、そのうち一定額を居住地国の税額から控除しましょうという考え方です。

この制度は所得の捕捉漏れがなく、外国で納めた税額相当額は居住地国で控除されることから一見すると合理的な制度ですが、控除できる税額に限度があることが多く、また日本の税法のように居住地国外を源泉とする所得相当分を税額控除の限度とする規定では、収入はあっても所得が少ない場合、その収入に対して源泉徴収された外国税額の全額が控除の対象とならないという問題もあります。

**●国外所得免税**

2つ目は、居住地国を源泉とする所得以外の所得について、居住地国で課税しない、すなわち国外所得を免税にする制度です。これは外国を源泉とする所得について、居住地国で課税しないという制度ですので、一般的に考えて二重課税はありません。ただし、この制度の場合、所得源泉地国で課税されなかった場合には、どこの国でも課税されない状態になってしまうこともあります。

**●日本の国内法では**

現在の日本の税法は基本的には「全世界所得課税＋外国税額控除」方式を採用していますが、外国子会社から受け取る配当等で「国外所得免税」の考え方を採用している部分もあります。

# 国内法による二重課税の排除

A国の居住法人

A国での法人税課税方法

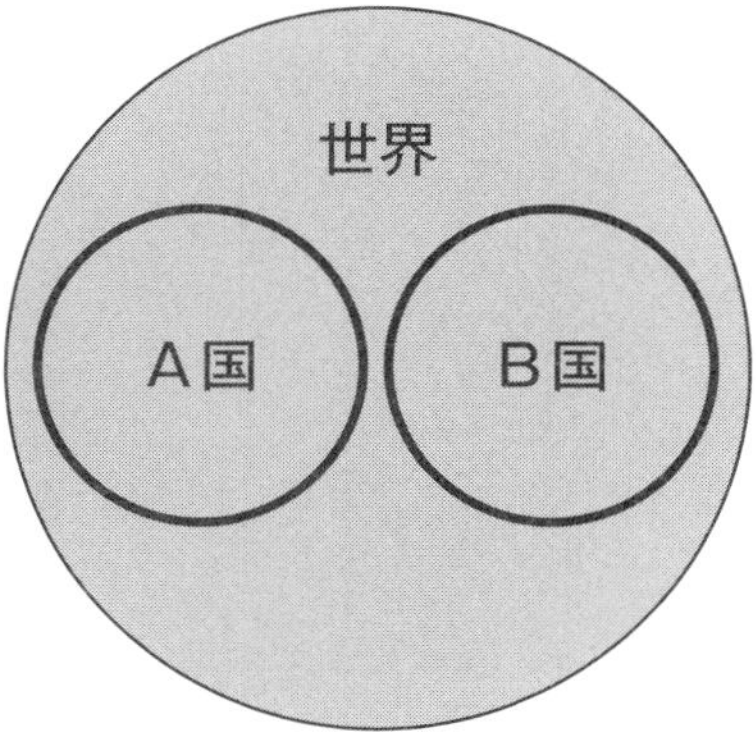


全世界の所得に対して課税

B国で納めた法人税は外国税額控除の対象

**全世界所得課税**
**＋**
**外国税額控除方式**

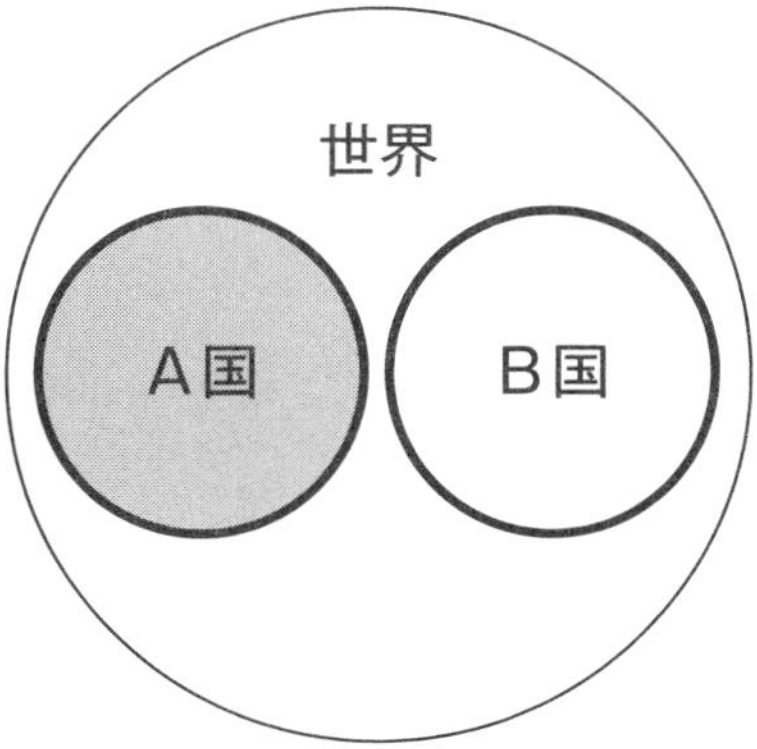


A国での所得に対してのみ課税

B国で納めた法人税はA国では考慮しない

**国外所得免税方式**

# 19 租税条約による二重課税の排除

## 155カ国・地域で租税条約が締結されている

国内法は各国によって異なりますので、同じ所得についてA国でもB国でも国内源泉所得になってしまうというケースもあります。そのような場合に、二重課税を排除するのが租税条約です。

租税条約は二重課税の回避および脱税の防止等を目的として国家間で締結される条約であり、この中では二国間にわたる取引について、どの国を源泉とする所得になるのか、所得源泉地国が何%まで課税できるのか等が決まっており、二重課税を排除する規定が置かれています。

租税条約は二国間で締結される条約であり、その内容は各条約によって異なるため、同じ取引でも国によっては課税、国によっては免税ということも起こります。最近では、OECDモデル条約というものがOECDによって規定され、加盟国がこのモデルを採用するよう勧告していますが、各条約はこのモデルを参考にしつつも独自の条項を持っているケースが多くなっています。

日本においては、租税条約は国内法に優先して効力を有しますが、アメリカのように、租税条約と国内法は同列であり、新しいほうを優先する国もありますので、租税条約に二重課税防止の規定があるからといって、必ずしもその効果が得られない場合もあります。

租税条約は二重課税防止のために所得源泉地国を決定するものであることから、日本の国内法では国内源泉所得とされていなくても、租税条約が適用されることによって、国内源泉所得となってしまうこともありますので注意が必要です。

また、租税条約が締結されているのは2024年2月1日現在で155カ国・地域であり、これ以外の国や地域との間では締結されていないので、二重課税になった場合に回避できない点も注意が必要です。

なお、租税条約には「情報交換規定」もあり、両国間での情報交換も、近年では積極的に行われています。

## 租税条約による二重課税の排除

A国でも課税

B国でも課税

二重課税
発生

国内法による二重課税の排除不能

↓

租税条約による二重課税の排除

- 居住国の決定
- 所得源泉地国の決定
- 課税権のある国の決定
- 源泉地国の限度税率の決定
- 二国間協議による決定

column
コラム

## 海外とのインターネット取引と消費税

国際取引を行う場合に，問題となりやすい事項はいくつもありますが，最も問題となりやすいのは，消費税の税区分だと思います。もともと，日本の消費税法では，国外取引は消費税の対象ではなく，日本からの輸出の場合は，免税とするというルールが原則であり，国境を超える役務提供については「役務提供を行う者の役務の提供に係る事務所等の所在地」が国内にあるかどうかで消費税の対象となるかどうかを決めていました。

ところが，インターネットの発達に伴って，音楽や書籍の配信，インターネット上の広告等，国境を越えた取引が当たり前になってきました。例えば，日本人に対し，同じ書籍の配信を国内で日本法人が行っている場合には消費税の対象となり，海外から行っている場合には対象外となるというのは不公平とも言えます。そこで，「電気通信利用役務の提供」という新しい概念が制定され，インターネットを通じた役務提供の場合には，「役務の提供を受ける者の住所等」が国内になるかどうかにより，消費税の対象となるかどうかを決めることとなりました。

ただ，事業者向けとそれ以外（消費者向け）では制度が異なっており，消費者向けでは，役務提供者が「登録国外事業者」であるかどうかで取扱いが異なり，非常にややこしくなっています。

昨今はコロナ禍の影響もあり，リモート会議システムやクラウドサービス等を使用することも多々あり，これらは海外企業により運営されているものも多数ありますので，自社のインターネットを介した取引について，消費税区分の総点検をすることをお勧めします。

# 第4章

# BEPSってなに？

# 20 基本的な考え方と歴史的経緯

## 実態とルールの間のズレが急速に広がっている

### ●ＢＥＰＳとは

近年、多国籍企業の積極的なタックスプランニングにより、国際的な節税行為が批判を浴びていることを受けて、ＯＥＣＤ租税委員会は２０１２年６月にＢＥＰＳプロジェクトというものを立ち上げました。ＢＥＰＳとは「Base Erosion and Profit Shifting」の略語であり、日本語だと「税源浸食と利益移転」という意味になります。

ＢＥＰＳとは各国の税制の違いや優遇税制等を利用して、企業にとってのコストである税金を極少化しようとする行為です。これは各国の税法に従っているため合法的ではあります。しかし、各国がリーマンショック後に財政状況を悪化させ、より多くの国民負担を求める中、多国籍企業に対する批判が高まったことを背景に税収不足に悩む先進国にとっては見過ごせないという気運が高まってきました。

### ●時代遅れの税制

そもそも、なぜ多国籍企業はＢＥＰＳを行うことができるのでしょうか？　それはビジネスモデルの変化に従来の課税ルールが追いつかないからです。企業が調達、生産、管理、販売等の拠点をグローバルに展開し、電子商取引も急増するなど、ビジネスモデルの構造変化が進む中、税制は基本的には各国独自に定められています。そのため、実態とルールの間にズレが生じており、近年そのズレが急速に広がってきています。

例えば、ＢＥＰＳが問題になるケースが多いＩＴ企業の場合、事業拠点としてＰＥを有する必要はなく、インターネットさえあれば、世界中のどこでもビジネスができますが、従来の国際税務の基本である、「ＰＥなければ課税なし」という概念は、現在のように情報産業が発達することを前提としていないため、所得源泉地で課税できないという事象が発生しています。

# 基本的な考え方と歴史的経緯

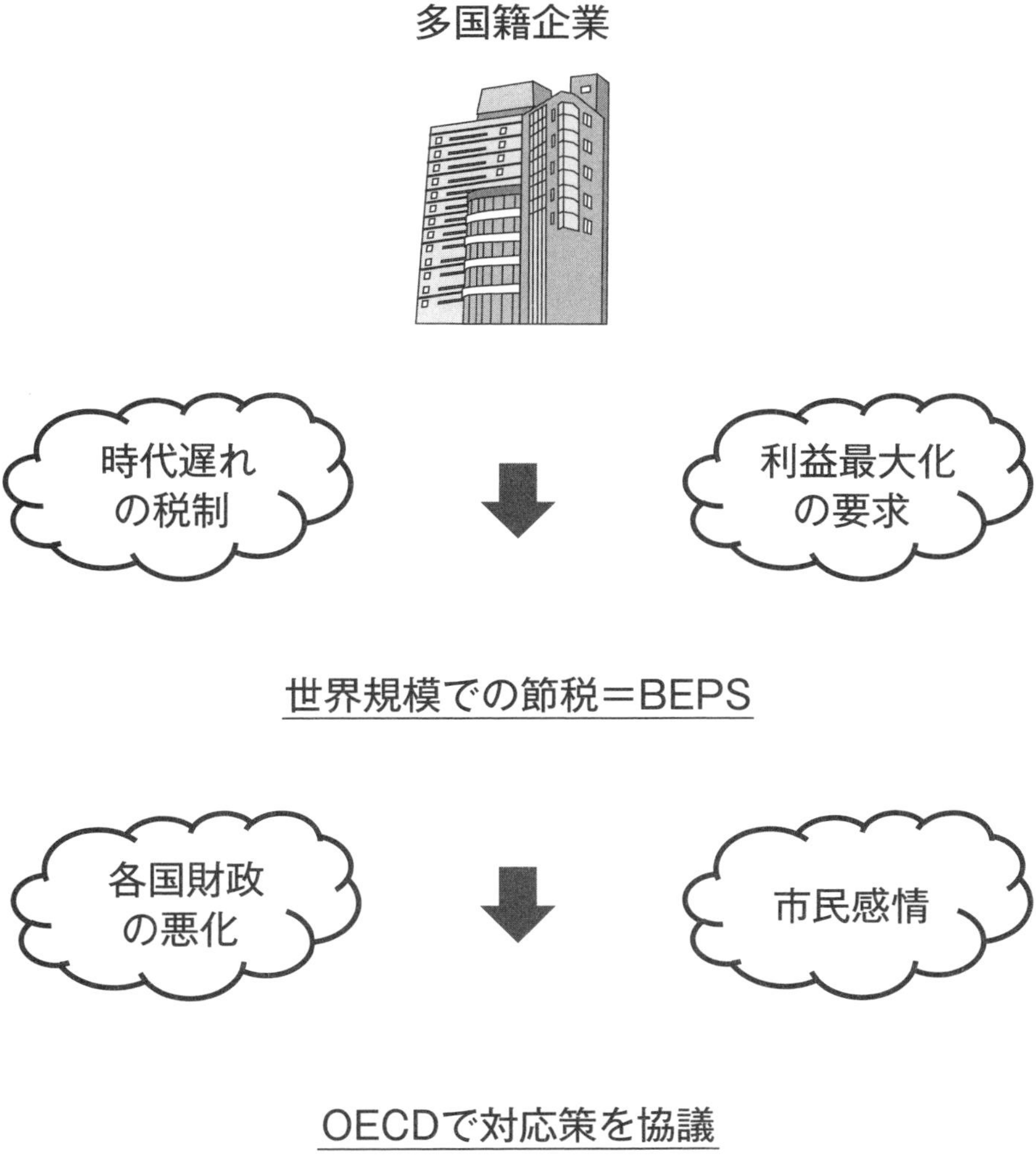

# 21 15の行動計画①

## 電子商取引課税から租税条約濫用の防止まで

### ●OECDによる行動計画の策定

BEPSプロジェクトを議論していたOECD租税委員会は2013年7月に15項目のBEPS行動計画というものを公表しました。その後、2015年10月に最終報告書が公表されました。

### ●15の行動計画の内容

公表された15の行動計画はBEPSに対応するための各分野での取組みをまとめたものであり、概要は以下のとおりです。

**1：電子商取引課税**

電子商取引により他国から販売や役務提供が行われた場合の課税ルールの策定に関する取組み。法人税における恒久的施設（PE）の問題や消費税における課税取引か不課税取引かの問題等

**2：ハイブリッド・ミスマッチ取決めの効果否認**

各種の事業体や金融商品に対する各国の税制上の取扱いの違いを利用したBEPSを防止する取組み

**3：外国子会社合算税制の強化**

タックスヘイブン地域にある事業体を利用した節税に対する各国のタックスヘイブン対策税制（外国子会社合算税制）を有効に働かせるための取組み

**4：利子等の損金算入を通じた税源浸食の制限**

支払利子の損金算入やその他の金融取引の損金算入によるBEPSを防止する取組み

**5：有害税制への対抗**

免税・軽減税率、外国企業のみを優遇する税制等、他国の税源浸食に繋がる恐れのある有害税制への対応に関する取組み

**6：租税条約濫用の防止**

第三国居住者による租税条約の濫用により、不当に租税条約の特典を享受することを防止するための取組み

# 15の行動計画①

OECD

2012年：BEPSプロジェクト立ち上げ

↓

2013年：BEPS行動計画を公表

↓

2015年：最終報告書を公表

22

# 15の行動計画②

## PE認定の人為的回避の導入から多国間協定の開発まで

**7：恒久的施設（PE）認定の人為的回避の導入**

人為的に恒久的施設（PE）の認定を外れ、税負担を軽減することを回避するための取組み

**8：移転価格ルールの策定（無形資産）**

親子会社間等で特許やノウハウ等の無形資産を移転することで生じるBEPSを防止、価格付けが困難な無形資産の移転に関するルール策定の取組み

**9：移転価格ルールの策定（リスクと資本）**

親子会社間でリスクの移転や資本の過剰な配分によるBEPSを防止する取組み

**10：移転価格ルールの策定（その他）**

第三者との間では発生しない、もしくは非常に稀にしか発生しない取引（マネジメントフィー等）によるBEPSを防止する取組み

**11：規模や効果の指標の集約・分析方法の策定**

BEPSの規模や経済的効果をOECDに集約し、分析する方法を策定するための取組み

**12：タックスプランニングの報告義務**

企業がタックスプランニングを行った場合に、その内容を各国の税務当局に開示する制度制定のための取組み

**13：移転価格関連の文書化の再検討**

各国で制定されている移転価格関連の文書化制度について共通の報告基準に従って各国の税務当局に報告させる制度の制定に関する取組み

**14：相互協議の効果的実施**

二重課税等の国際税務に関する争いを国家間の相互協議や仲裁により、速やかに解決する方法を策定するための取組み

**15：多国間協定の開発**

BEPSに対する措置を効率的に実現するため多国間協定を締結することを目的とする取組み

# 15の行動計画②

| BEPS行動計画 |
| --- |
| 1. 電子商取引課税 |
| 2. ハイブリッド・ミスマッチ取決めの効果否認 |
| 3. 外国子会社合算税制の強化 |
| 4. 利子等の損金算入を通じた税源浸食の制限 |
| 5. 有害税制への対抗 |
| 6. 租税条約濫用の防止 |
| 7. 恒久的施設（PE）認定の人為的回避の防止 |
| 8. 無形資産に係る移転価格ルールの策定 |
| 9. リスクと資本に関する移転価格ルールの策定 |
| 10. 他の租税回避の可能性の高い取引に関する移転価格ルールの策定 |
| 11. BEPSの規模や経済効果の指標の集約方法と分析方法の策定 |
| 12. タックスプランニングの報告義務 |
| 13. 移転価格関連の文書化の再検討 |
| 14. 相互協議の効果的実施 |
| 15. 多国間協定の開発 |

# 23 行動計画公表後の日本の動き

## 移転価格税制など、順次対応が行われている

### ●日本の動き

BEPS行動計画が公表されて以降、日本でも順次さまざまな税制改正が行われており、「12　タックスプランニングの報告義務」を除き整備されましたが、その中で主要なものを以下に紹介します。

### ●消費税の電気通信利用役務の提供の内外判定

「1　電子商取引課税」に関しては、消費税においてインターネットを利用した電子書籍、音楽、広告の配信等の電気通信利用役務の提供に関する内外判定の変更が平成27年から行われています。改正前は役務提供者の所在地が国外であれば国外取引となり、消費税が課されなかった取引が、改正後は役務提供を受ける者の住所等が国内であれば消費税の課税取引とされるようになりました。

### ●移転価格税制

移転価格税制はBEPSプロジェクトの中でも重要視された税制の1つですが、日本では「13　移転価格関連の文書化の再検討」に関して、平成28年度税制改正により、移転価格税制に係る文書化制度が整備されました。この改正により、最終親会社等届出事項、CbCファイル、マスターファイル、ローカルファイル等が規定されました。

「8、9、10の移転価格ルールの策定」に関しては、令和元年度（平成31年度）税制改正により整備され、令和2年4月1日以後開始事業年度から適用されています。

### ●タックスヘイブン対策税制（外国子会社合算税制）

「3　外国子会社合算税制の強化」については、平成30年までの税制改正により、ペーパー・カンパニー等に関する規定や、経済活動基準を満たす外国関係会社に対する受動的所得の合算等の改正が行われ、令和元年度(平成31年度）税制改正でも、特定外国関係会社の範囲の見直し等の改正が行われています。

# 行動計画公表後の各国の動き

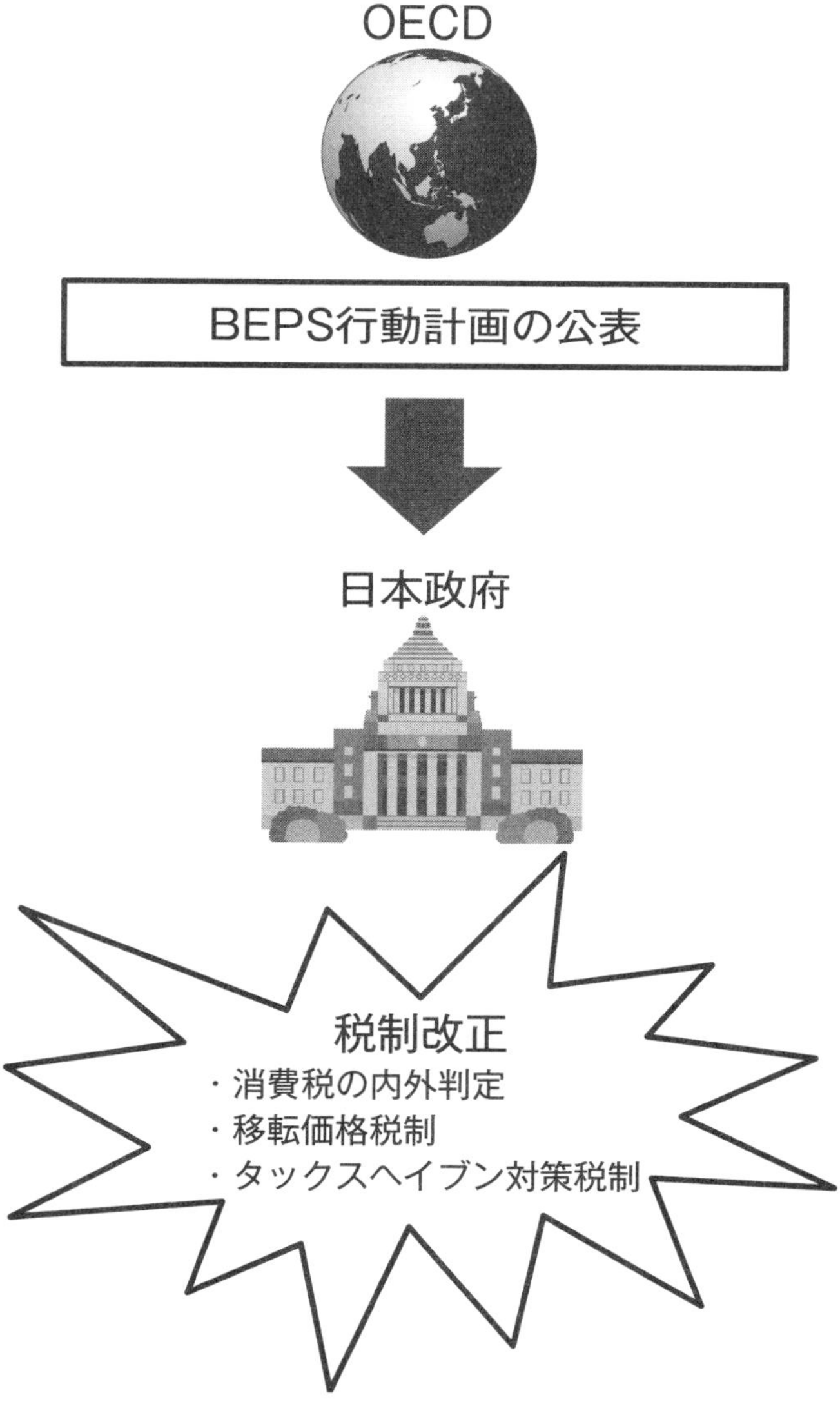

# 24 ＢＥＰＳ防止措置実施条約

## 二国間ではなく、多国間での租税条約？

●**経緯と概要**

ＢＥＰＳ防止措置実施条約はＢＥＰＳ行動計画15「多国間協定の開発」の勧告に基づいて２０１６年11月に条文が採択され、その後日本を含む１００カ国・地域が署名しました。日本では、２０１８年５月に国会で承認され、２０１９年から発効されています。

本条約の締約国はＢＥＰＳ行動計画によって策定されるＢＥＰＳ防止措置を二国間の租税条約を個別に変更することなく、同時かつ効率的に実施することが可能となります。

●**本条約によって導入されるＢＥＰＳ防止措置**

本条約により既存の租税条約に導入されるＢＥＰＳ防止措置は、「２　ハイブリッド・ミスマッチ取決めの効果否認」、「６　租税条約濫用の防止」、「７　ＰＥ認定の人為的回避の導入」、「14　相互協議の効果的実施」の４項目となります。

●**本条約の適用対象となる租税条約**

各締約国は既存の租税条約のいずれを本条約の適用対象とするかを任意に選択することができます。そのため、租税条約の相手国が本条約の締約国でない場合または本条約の締約国であっても、当該租税条約を選択していない場合には適用されません。

●**ＢＥＰＳ防止措置の選択および適用**

各締約国は関連するＢＥＰＳ防止措置のいずれを既存の租税条約について適用するかを所定の要件の下で選択することができます。この際、特定の租税条約に関してのみ適用することまたは適用しないことを選択することはできません。

●**選択の通告**

各締約国は、①適用対象とする租税条約の一覧、②適用することを選択するＢＥＰＳ防止措置の一覧をＯＥＣＤに通告しなければならず、それらは公表されます。

## BEPS防止措置実施条約

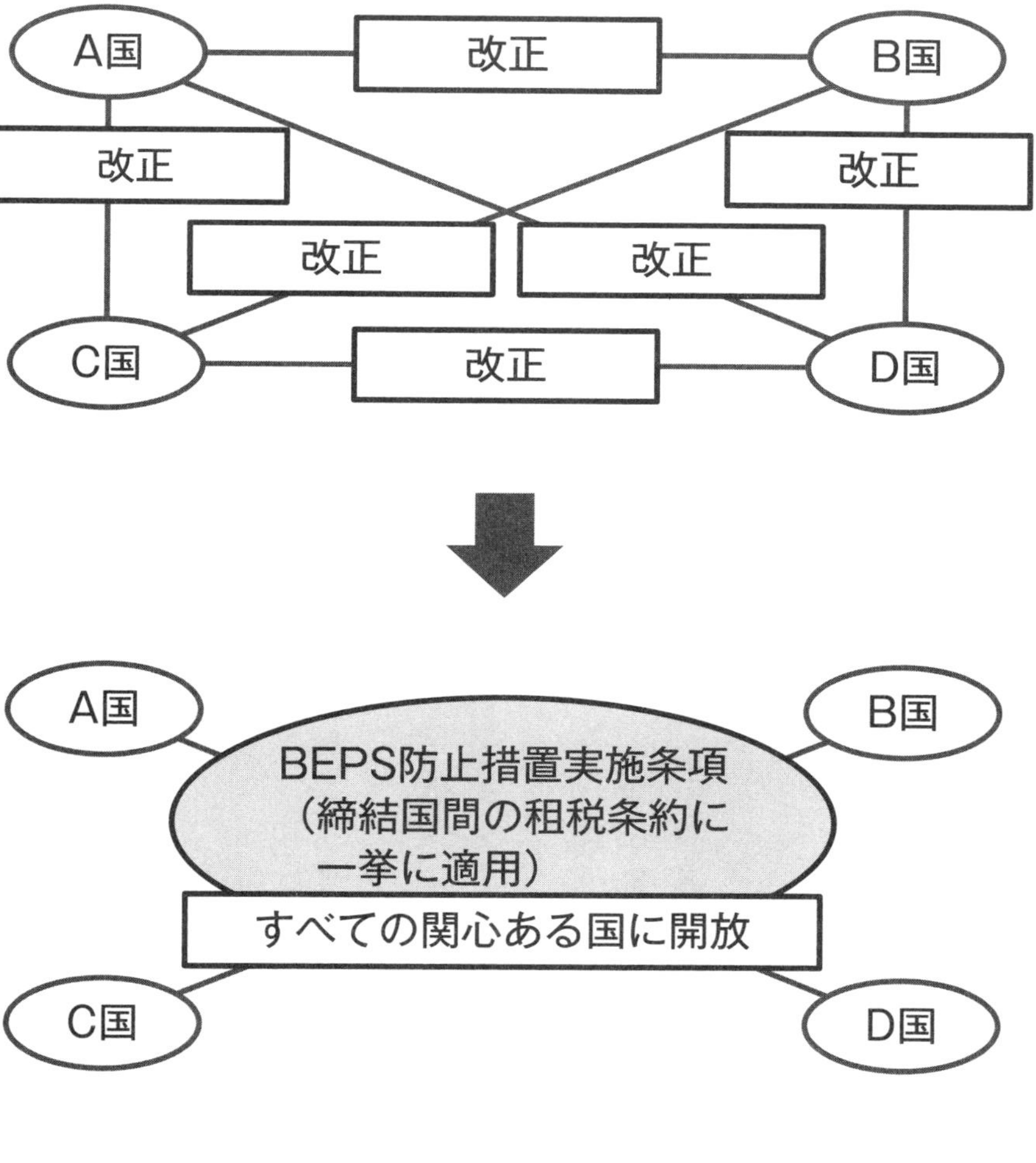

# 25 ＢＥＰＳ ２．０

## これからの国際デジタル経済課税

**●新たな国際課税ルールの制定**

ＢＥＰＳ ２．０とはＯＥＣＤが15の行動計画の１つとして挙げていた「電子商取引課税」に関して、２０２１年10月に合意が得られた国際課税ルールであり、第１の柱と第２の柱の２本立てとなっています。

**●第１の柱**

市場国への新たな課税権の配分として、グローバル収益が２００億ユーロ超かつ利益率10％超の多国籍企業について物理的な存在の有無にかかわらず事業活動を行って利益を稼得している市場国に対して、利益の一定額の課税権が再配分される制度となっています。

これはＩＴ企業等が市場国において物理的な拠点を設けずに利益を稼得することができる一方で、現在の課税制度の原則で「ＰＥなければ課税なし」となっており、市場国での課税が困難なことから設けられ、今後日本でも導入が予定されています。

**●第２の柱**

法人税の国際的な引き下げ競争に歯止めをかけるために、15％に設定された最低法人税率を国際的に導入する制度でグローバル・ミニマム課税と呼ばれています。

具体的には年間７億５千万ユーロ超の収益を稼得している多国籍企業を対象に、最低15％の法人税負担を求めるもので、グローバルな税源浸食防止ルールと租税条約特典否認ルールから成り立っています。

日本では、令和５年度税制改正において、各対象会計年度の国際最低課税額に対する法人税が創設されました。これは、子会社等が軽課税国に所在している場合に、同国での税負担が基準税率である15％に至るまで、日本に所在する親会社に対して上乗せ課税を行う制度であり、令和６年度税制改正において、所要の見直しが行われたうえで、令和６年４月１日以後に開始する対象会計年度から適用されています。

# BEPS 2.0

OECD

BEPS 2.0
新しいデジタル経済課税のルールの公表

| 第1の柱 | 第2の柱 |
| --- | --- |
| ↓ | ↓ |
| 令和7年度税制改正以降の法制化が検討 | 「グローバル・ミニマム課税」として令和6年4月より適用 |

## column コラム　グーグルやアップルとアイルランド

BEPSの議論が始まるきっかけとなったのが，グーグルやアップル等のIT企業の節税行為です。節税行為は脱税行為と違い，各国の法に何ら違反するものでもなく，合法的な行為ですが，企業グループ全体の利益に対する納税額が市民感情からみて少なすぎる，税率の高い先進国の税源が浸食されているとして問題とされています。

これらの節税行為は居住法人の概念の違い，各国における課税所得の違い，PEの概念の違い等に着目して行われていますが，これらの企業の節税行為でよく登場する国がアイルランドです。アイルランドは積極的な税制によって企業誘致をする国として有名で，税制にも特徴があります。

例えば，居住法人（内国法人）の定義として管理支配主義を採用していたため，アイルランド法に則ってアイルランド内に設立された法人であっても，取締役会の開催その他の経営管理が別の国で行われていれば居住法人とはなりませんでした。これにより本店所在地主義や，設立準拠法主義を採用している国との間でギャップが生まれ，アイルランドと経営管理をしている国の双方で非居住法人となれる場合がありました（現在は管理支配地主義を見直し，国内で設立されていれば課税するというルールに変更されています）。

冒頭の企業等はこの法律のギャップを利用して世界全体での実効税率を下げることに成功していますが，これを一概に悪質なことと片付けて良いのかどうかには疑問が残ります。

アイルランドに限らず資源がない国や経済的に弱い国にとっては税制優遇策を採用して企業を誘致することは１つの政策であり，昔からケイマン諸島を始めとするタックス・ヘイブンではこういった政策が行われていますし，近年でも法人税率を下げることによって企業を誘致する国が増えている事実もあります。また，税金コストの最小化を目指し，利益の最大化を図ることは企業としてあるべき姿でもありますので，今後もそれぞれの立場に立った議論が必要だと思います。

# 第5章

# 内国法人が海外に進出する場合の注意点

# 26 さまざまな進出形態①

## 準備段階では「駐在員事務所」

### ●駐在員事務所とは

ひとくちに海外進出といっても、業種や企業規模、人員等によってどのような進出形態が良いのかは異なります。

一般的に海外進出をする場合、現地での市場調査や情報収集等から始めます。その結果、その国に進出する価値が十分にあるという経営判断が行われれば、本格的に進出し営業活動を始めます。逆に、その国に進出する価値がないという判断であれば、進出計画は白紙になります。つまりしっかりとした「準備」をしてから、「営業活動」に移行するかどうかの判断が行われます。

この「準備」の段階では現地法人を設立することは稀であり、現地に社員を1人もしくは数人派遣して一定期間駐在させて、市場調査や情報収集等を行うのが一般的です。このような「準備」のための場所を「駐在員事務所」と呼びます。

### ●駐在員事務所とPE

駐在員事務所は「営業活動」の「準備」のための場所であり、「営業活動」を行っていないことから、PEに該当しないというのが国際的な考え方です。

PEに該当しない場合には、現地での課税は発生しないというのが一般的ですので、駐在員事務所に関しては通常は現地での課税は発生しません。

一方、日本においては、内国法人は全世界所得課税であり、世界のどこでかかった経費であっても日本の経費と同様の基準で損金として認められますので、海外の駐在員事務所で発生した経費も、原則として損金算入可能です。

なお、各国において駐在員事務所の概念は微妙に違う場合もありますので、どこまでの活動をした場合に駐在員事務所として認められ、税務申告の必要がないのかは事前に確認する必要があります。

# 駐在員事務所

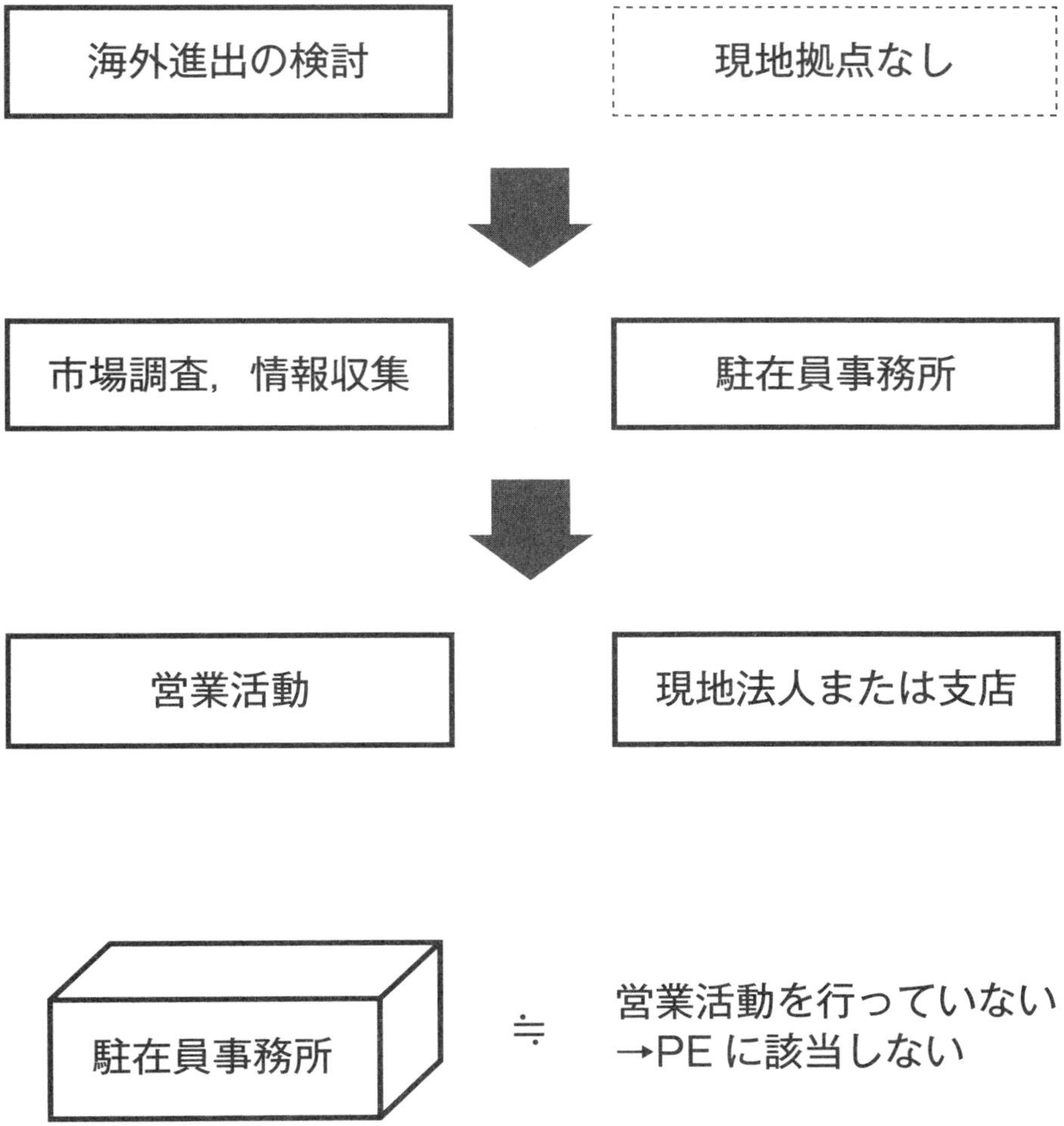
海外進出の検討
現地拠点なし
市場調査，情報収集
駐在員事務所
営業活動
現地法人または支店
駐在員事務所
≒
営業活動を行っていない
→PE に該当しない

# 27 さまざまな進出形態②

## 営業活動の拠点としての「支店」

**●支店とは**

市場調査や情報収集等の「準備」の段階が終わり、本格的に進出しようとした場合、「営業活動」の拠点として考えられるのが「支店」と「現地法人」の2つです。「支店」は日本法人の1事業所として進出する方法であり、「現地法人」は日本法人とは別の法人格として進出する方法です。

支店と現地法人にはそれぞれメリット・デメリットがありますが、法的な観点から見れば、別法人としたほうが現地でのリスクが日本法人に影響しない、現地法人のほうが現地での許認可を取得しやすい等の理由により、支店より現地法人を選択するケースのほうが多くなっています。

他方、支店の場合は撤退が容易である、損失が出た場合には日本法人に節税効果がある等のメリットもあるため、支店を選択するケースもあります。ただ、支店を選択するメリットは事業が軌道に乗らなかった場合にしか発生しないものが多いので、現地で営業活動は行いたいが、勝算が十分ではない場合に選択するケースが多いのかもしれません。

**●支店とＰＥ**

支店は現地で「営業活動」を行うための拠点ですから、通常はＰＥに該当します。ＰＥに該当する場合には前述したとおり、そのＰＥに帰属する所得またはそのＰＥがある国で発生した所得に対しては当該国で課税されるのが一般的です。

ですので、支店を設置した場合には、当該国で申告・納税義務が発生し、そこで当該国での課税関係を終了したうえで、あらためて日本において法人税が課されることとなります。この場合、外国で納税した税額は二重課税とならないよう日本においては外国税額控除の対象とされています。

## 支　店

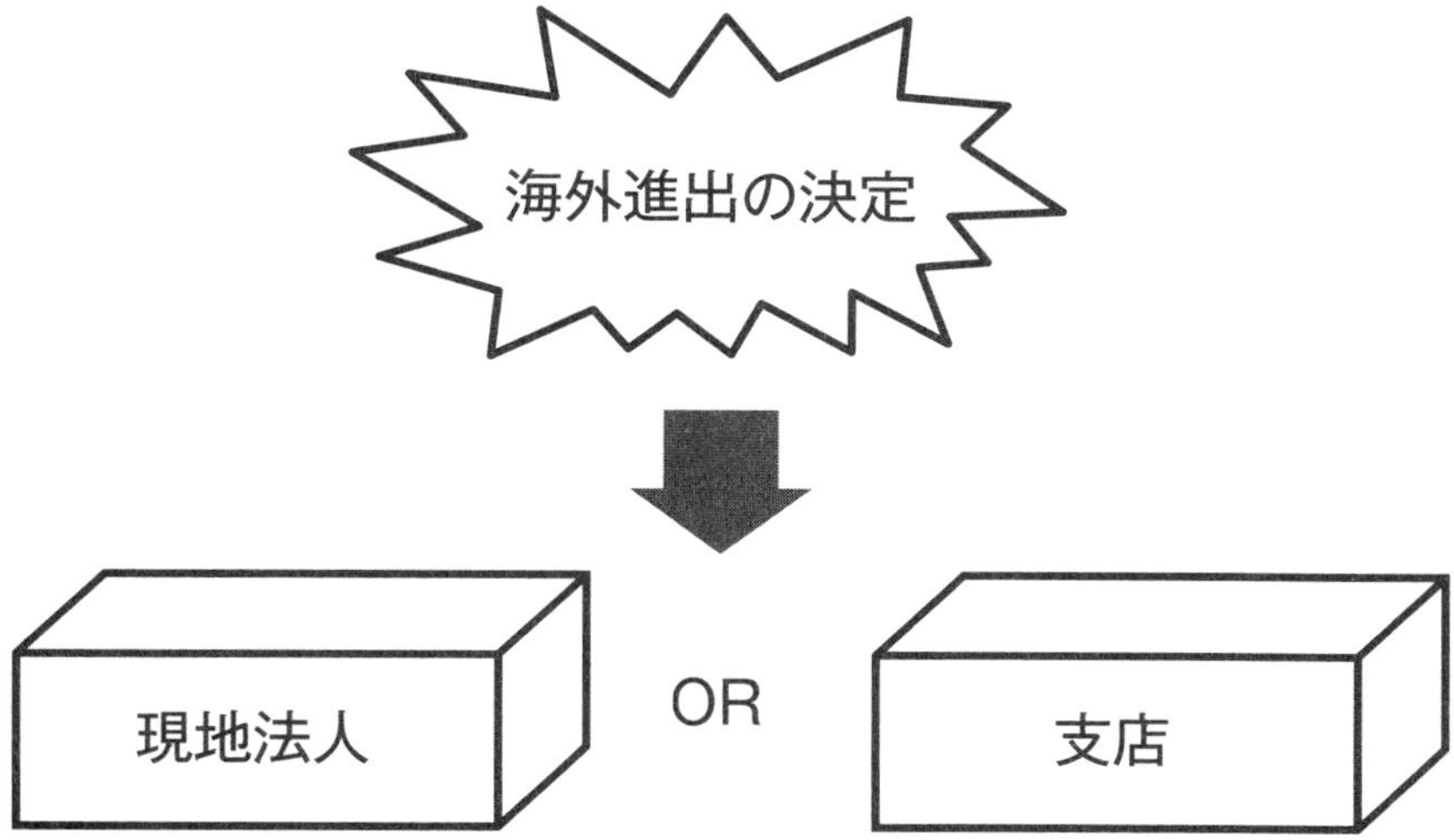
海外進出の決定
現地法人
OR
支店

## 支店のメリット

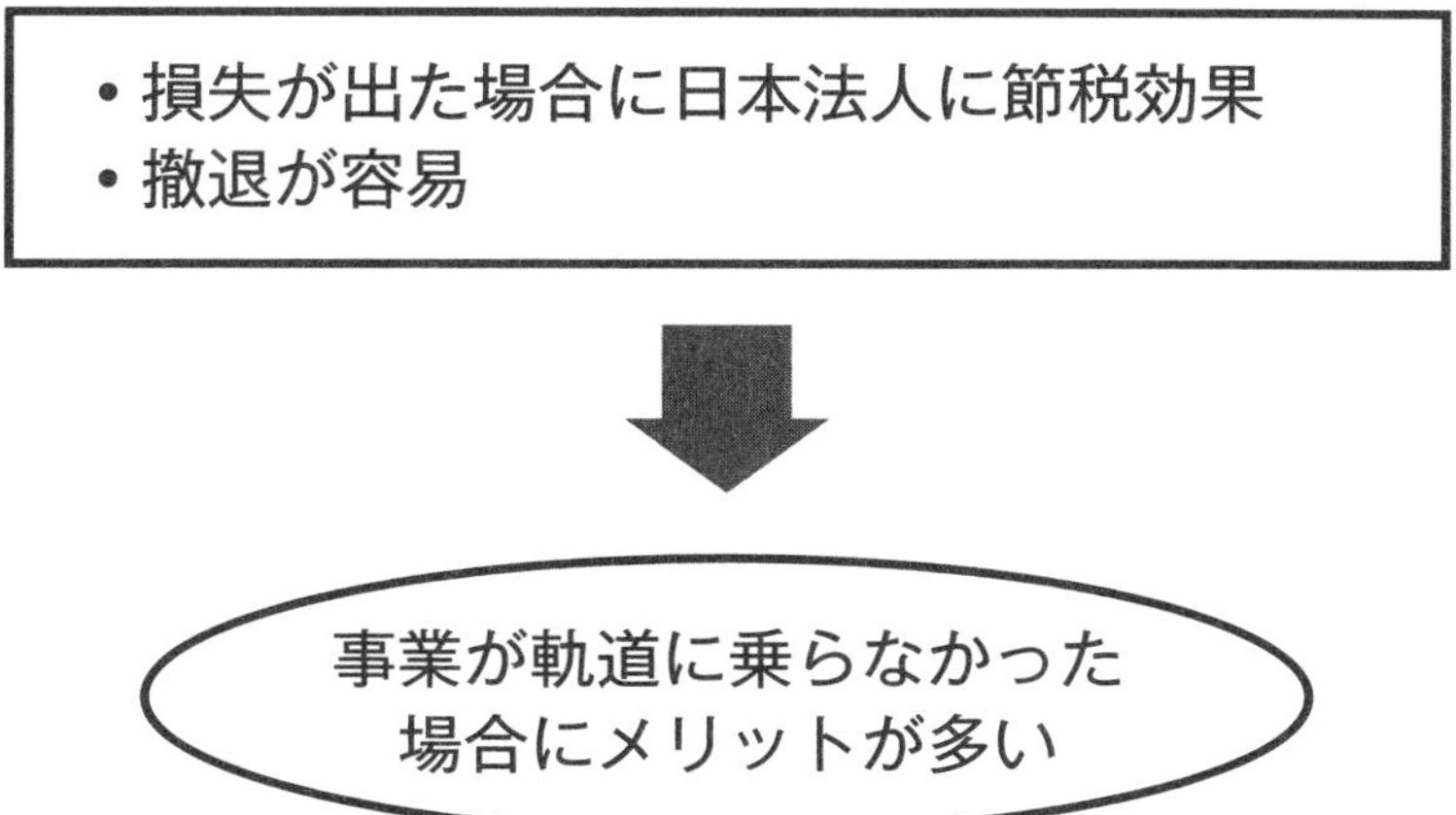
・損失が出た場合に日本法人に節税効果
・撤退が容易
事業が軌道に乗らなかった
場合にメリットが多い

# 28 さまざまな進出形態③

## 営業活動の拠点としての「子会社」

### ●子会社とは

海外進出の際の営業活動の拠点としてのもう1つの形態が子会社、すなわち現地法人です。日本の法人の1事業所としてではなく、日本の法人が出資して現地に新たに別人格の法人を設立して営業活動の拠点とする方法です。現在は、支店を設置するよりも、子会社を設立する企業が多く、営業拠点としては最も多く選ばれている形態です。**27**で挙げたようなメリットやデメリットの他にも、子会社のほうが現地で受け入れられやすい、採用がしやすい等の理由により子会社を設立する場合もあるようです。

子会社は現地の法令に則って作られる法人ですから基本的にはすべて現地の法令が適用されます。税法においても同じで、現地の法人と同様のものが適用されますが、日本においては支店と違い、子会社の利益に対して直接課税されることはありません。

しかし、直接的に帳簿が繋がっていないことから、子会社の管理が杜撰になることもあります。また、別会社であることから、日本法人と子会社との間のやり取りも通常の商取引でなければならず、日本からの低額でのサービス提供や高額な経費支払があると、税務調査の際に指摘されます。

### ●外資投資規制がある場合も

日本では居住者、非居住者を問わず、誰もが法人を設立することが可能ですが、海外でも必ずしも同じことができるとは限りません。特に新興国においては自国の産業を守るために、外国からの投資規制を行っている場合があります。

例えば、外国企業は49%までしか株式を保有できない、一定額を資本金として拠出しなければ会社設立ができない、一定数以上の現地雇用をしなければならない等の規制がある場合があります。

## 子会社のメリット

- リスクが日本法人に直接的に影響しない
- 現地での許認可が取得しやすい
- 現地で受け入れられやすい，採用がしやすい
- 現地での利益に日本の税法が適用されない

支店よりもメリットが多い

## 子会社の場合の注意点

- 経営管理が不透明になりやすい
- 日本親会社との取引でも通常の利益率が必要
- 投資額や雇用人員等に外資規制がある場合も

# 29 進出形態による日本での課税の違い

## 駐在員事務所・支店と子会社で違う

**●駐在員事務所・支店と子会社で分かれる**

進出形態について述べた際に、課税部分についても少し触れましたが、ここでは課税に的を絞って見てみたいと思います。まず、日本での課税ですが、駐在員事務所および支店と子会社では課税関係がずいぶん異なります。

**●駐在員事務所・支店**

海外の駐在員事務所および支店は日本法人の1事務所、1事業所としての進出となりますので、そこで発生する売上や原価、費用等は、内国法人に対して全世界所得課税を採用している日本の法人税の課税所得の範囲に含まれます。

そして、もし現地で法人税課税や源泉税課税をされた場合には、日本の法人税の計算上、外国税額控除の対象となります。

駐在員事務所・支店から日本に余剰利益を送金した場合は同一社内での送金のため、日本では課税対象となりません。

**●子会社**

海外に子会社を設立した場合には、その子会社の所得は原則として日本法人の法人税には影響しませんが、タックスヘイブン対策税制（外国子会社合算税制）の対象となる子会社の場合には、現地での課税後の所得を日本法人の所得に合算することがあります。

現地からの支払利息や使用料の支払等の際に現地で源泉税課税された場合には、日本の法人税の計算上、外国税額控除の対象となります。

子会社から日本法人への余剰利益の送金は配当となります。外国子会社からの利益の配当ですので、その95％は日本の法人税の課税対象とはなりませんが、その配当について課された源泉税は外国税額控除の対象にもなりません。

## 進出形態による日本での課税の違い

| | 駐在員事務所<br>支店 | 子会社 |
|---|---|---|
| 日本親会社の課税所得 | 含まれる | 含まれない |
| 現地での法人税 | 外国税額控除の<br>対象となる | 外国税額控除の<br>対象とならない |
| 日本への送金 | 同一法人内のため<br>原則課税対象外 | 配当として現地で<br>課税される場合あり<br>（源泉徴収） |

## 子会社の場合の注意点

一定の場合，タックスヘイブン
対策税制の対象

支払利息や使用料の受取時
に課される源泉徴収は
外国税額控除の対象

剰余金の配当は
外国子会社配当益金不算入
の対象

# 30 進出形態による現地での課税の違い

駐在員事務所・支店・子会社すべてで違う

**●3種類すべてで違う**

進出先での課税は、その国の課税制度によって変わりますが、日本と同様に内国法人に対して、全世界所得課税を採用している国では、駐在員事務所、支店、子会社の形態別に大きく違います。

**●駐在員事務所**

駐在員事務所は一般的にPEとみなされないため、現地での課税はありません。ただし、どの範囲の行為までが駐在員事務所として認められるのかは、各国の法令によって異なる場合がありますので、確認する必要があります。

**●支店**

支店はPEに該当しますので、一般的に現地での課税が行われます。ただ、全世界所得課税が採用されている国であっても、居住法人以外についてはその国に源泉がある所得にしか課税しない国が多いため、支店の場合はその国の源泉所得（そのPEに帰属する所得）に対して課税されるのが一般的です。また、支店で支払った費用でなくても、その支店が負担すべき経費については当該国での費用として認められる可能性もあります。支店から日本の本店への余剰利益の送金は、課税なしで行うことができる国が多いですが、配当と同様の源泉徴収をされる国もあります。

**●子会社**

子会社については、その国の居住法人となりますので、全世界所得課税を採用している国であれば、その国を源泉とする所得だけでなく、他国を源泉とする所得についても課税されるのが一般的ですが、その国が国外所得免除方式を採用している場合には、支店と同様、その国の源泉所得に対して課税されます。子会社から日本法人への余剰資金の送金は配当という形式で行われ、現地での源泉徴収がある場合もあります。

# 進出形態による現地での課税の違い

| | 駐在員事務所 | 支店 | 子会社 |
|---|---|---|---|
| 現地での申告 | 不必要(※1) | 必要 | 必要 |
| 課税対象 | — | 現地源泉所得（PE帰属所得）のみが多い(※2) | 全世界所得または現地源泉所得(※3) |

（※１）　一般的にはPEとみなされないため申告が不必要であるが，国によって駐在員事務所の定義が違う場合がある。また，課税はない場合でも申告が必要な場合もある。

（※２）　一般的には現地源泉所得のみであるが，国によって課税対象となる源泉所得の範囲が違う。

（※３）　当該国が採用している制度によって違う。

# 31 海外に進出する場合に活用すべき税制

## 外国子会社配当益金不算入制度、外国税額控除

**●進出企業が活用すべき税制**

海外に進出する場合、日本と現地での所得に対する二重課税の問題や、海外で稼いだ資金を日本に送金する際の課税問題等、企業にとっては税負担が増える場合も考えられますが、日本の法人税法ではそういった税負担を軽減し、企業が海外進出をしやすいような税制が整備されています。

**●外国子会社配当益金不算入制度**

その1つが「外国子会社配当益金不算入制度」と呼ばれている制度です。この制度は、以前は、外国子会社からの配当金についても、日本の高税率の法人税で課税されていましたが、このような制度だと日本に配当した場合の税負担が増えるため、日本に配当せずに海外に資金を留保する企業が多かったために平成21年度に創設されました。

この制度ができたことにより、海外子会社からの配当金について日本の高税率の法人税負担がなくなったため、企業は税負担を気にせずに必要に応じた資金移動ができるようになり、効率的な投資や資金運用ができるようになったといわれています。

ただし、後述しますが、この制度の適用には条件があり、必ずしもすべての海外の子会社からの配当金について日本で課税されないわけではないことに注意する必要があります。

**●外国税額控除**

すでに何度か出てきていますが、外国税額控除制度も海外進出企業にとっては、活用することにより税負担を少なくすることができる制度です。これは国際的な二重課税を排除するために、外国で稼得された所得に対して外国で課税された税額を、日本の納税額から控除しようという趣旨の制度です。こちらも後述しますが控除のタイミングや限度額等に注意する必要があります。

## 外国子会社配当益金不算入制度

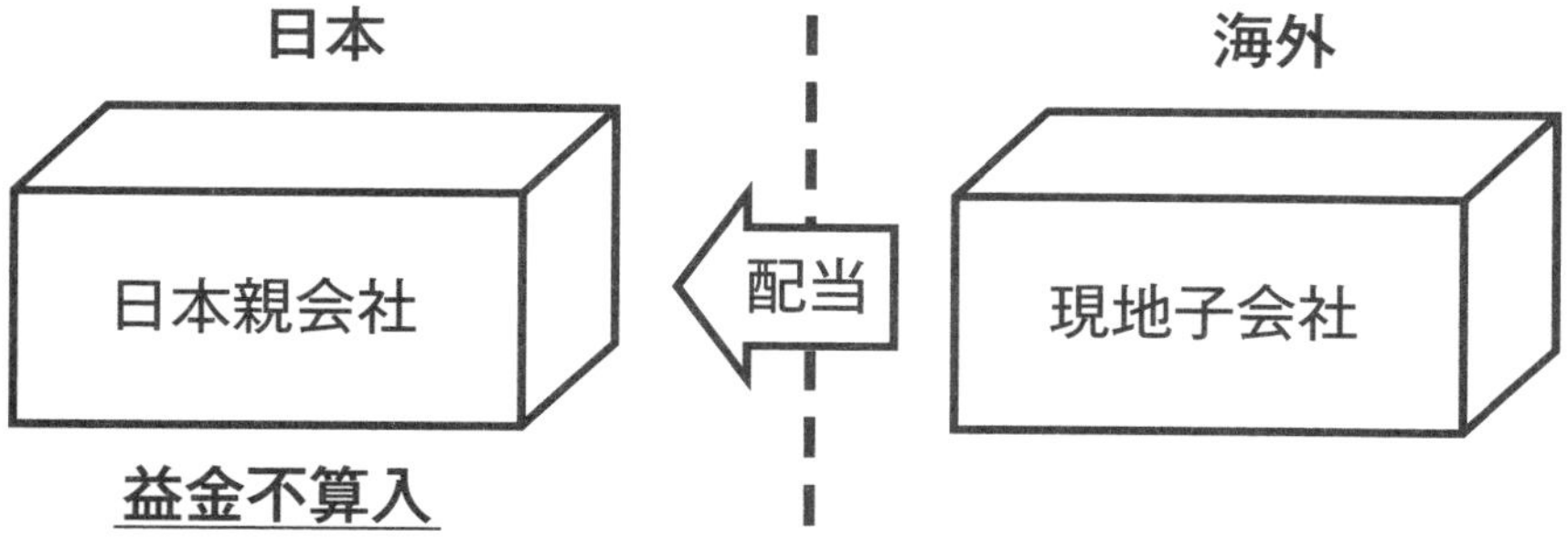


## 外国税額控除

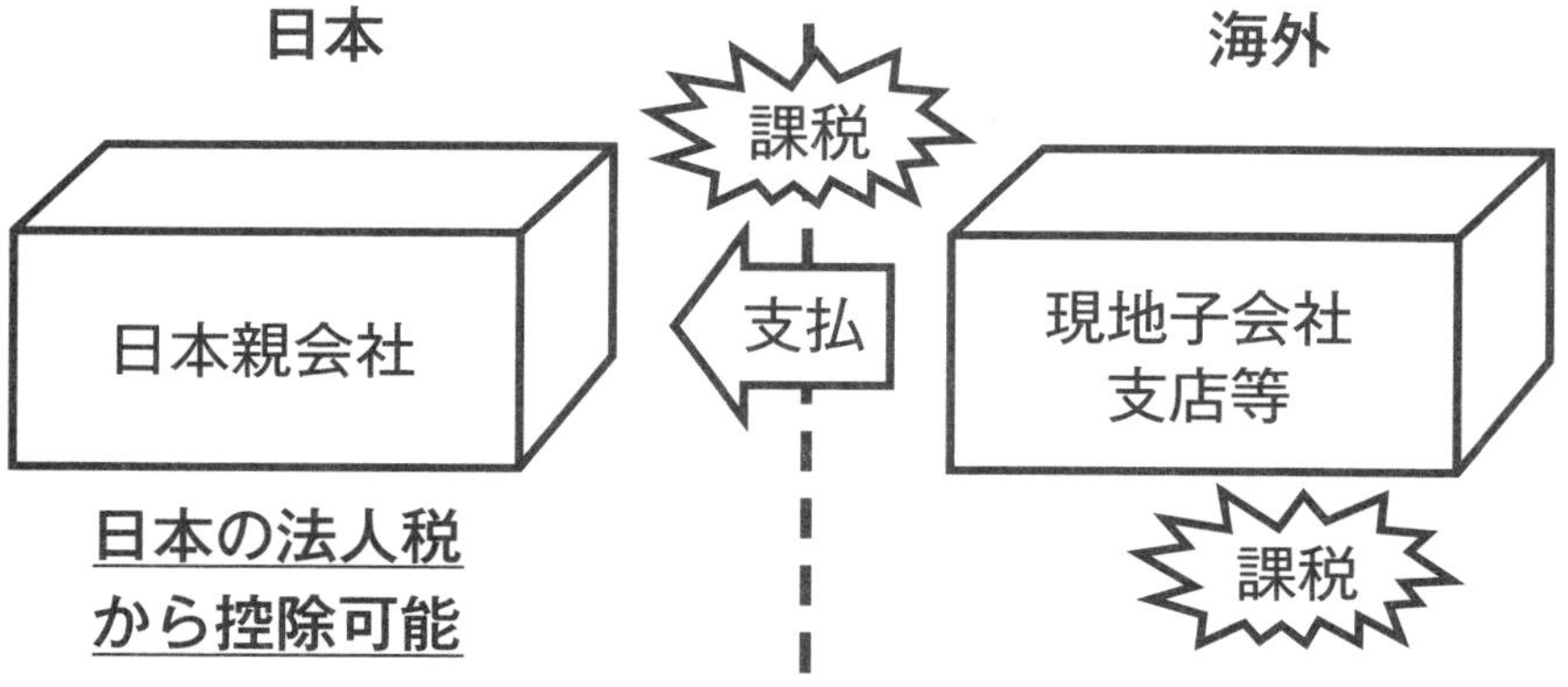

# 32 海外に進出する場合に注意すべき税制

## タックスヘイブン対策税制、移転価格税制

**●進出企業が注意すべき税制**

海外進出を考える場合、海外に子会社を設立して、そこに人を常駐させて営業活動を行い、利益を上げることを最終的な目標として描く場合が多いですが、最初からうまくいくケースはあまりありません。また、海外進出した際には、日本法人と現地法人の間での物品の売買や、サービスの提供等、グループ内の取引が発生する場合が多くなります。こういった場面で注意すべきなのがタックスヘイブン対策税制（外国子会社合算税制）と移転価格税制です。

**●タックスヘイブン対策税制**

タックスヘイブン対策税制は本来、タックスヘイブンといわれる国や地域に実体のない子会社を作ってそこに資金を留保した場合には、日本に配当したものとして課税しますという趣旨の制度であり、真っ当な海外進出にはあまり縁がない制度と考えられがちです。しかしながら、海外進出当初、子会社に常駐する社員がいない、経営管理が日本で行われている等の条件に該当してしまうと、タックスヘイブン対策税制の対象になって、日本で思わぬ課税を受けることがあるので注意をする必要があります。

**●移転価格税制**

グループ会社間での取引の場合、第三者間の取引と違い、価格を自由に決めることが可能です。例えば、日本の親会社から海外の子会社に物品を卸し売りする場合、利益の出ていない海外子会社に対しては通常の金額より低い金額で販売しよう、税率の高い日本の親会社の利益は少なくするために低い金額で販売しようといった発想により、価格を決めることは誰もが考えます。しかしながら、このような価格の決定方法は租税回避とされ、第三者間価格で取引したこととして課税されますので注意をする必要があります。

## タックスヘイブン対策税制

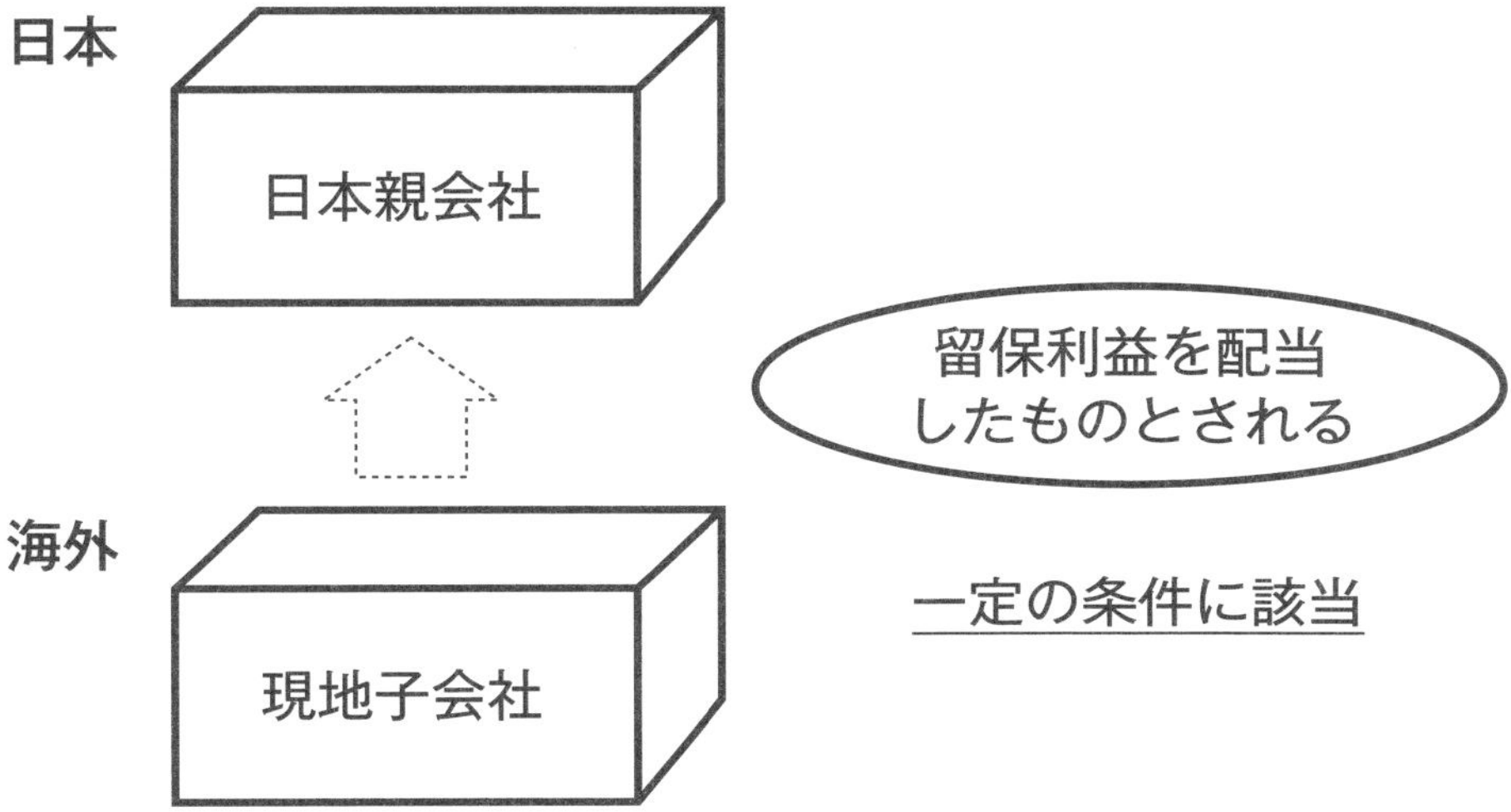


## 移転価格税制

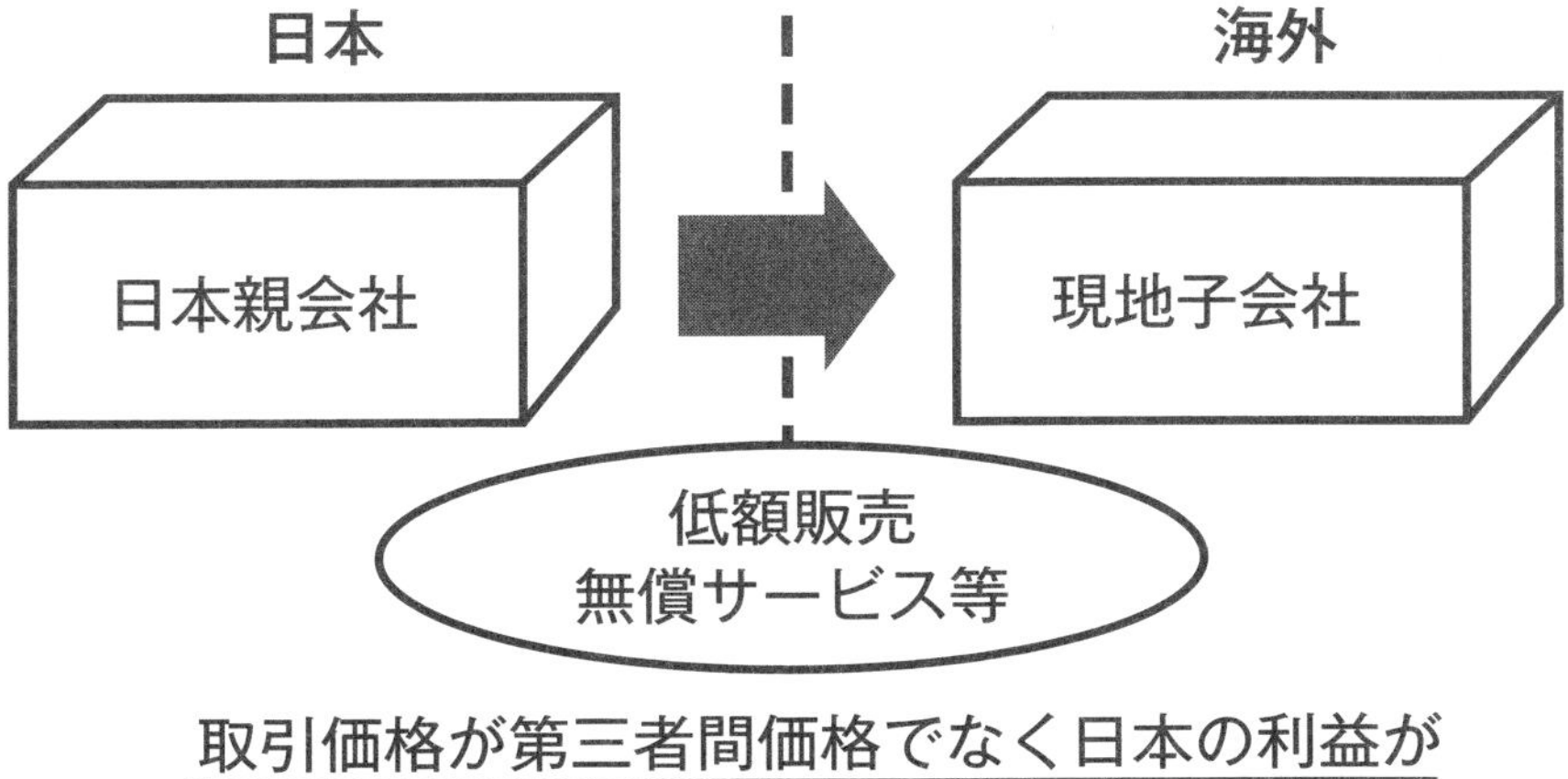


取引価格が第三者間価格でなく日本の利益が
減少する場合に適用される

**33**

# 海外子会社に対する資金援助の注意点

## 国外関連者に対する寄附金に注意

**●国外関連者に対する寄附金とは**

親子関係や兄弟関係、実質的支配関係がある等、国外関連者に該当する法人に対して寄附金を支出した場合、法人税法上、通常の寄附金のような損金算入限度額の計算はなく、その全額が損金不算入となります。

**●海外進出との関係**

海外進出をする場合、その国の市場を開拓できるまでは多額の費用がかかり、大きく損失を出すことがあります。こういった場合に、その国の子会社を援助しようとして、出向者の給与を請求しなかったり、金利を免除してあげたりする経営者を良く見受けます。

国外関連者に対する寄附金は法人税法上の寄附金ですので、単に現金を贈与した場合のみではなく、資産の贈与や経済的利益の無償の供与等も含まれますので、本来請求すべき費用を請求しない場合にも、国外関連者に対する寄附金に該当します。

**●国外関連者に対する寄附金に該当する具体例**

**・給与の未請求**

前述した出向者給与の未請求はもちろんですが、兼務している社員や子会社開設時の応援要員等の給与についても適正な按分計算をして請求をしない場合に該当します。

**・金利の免除**

子会社に対する貸付金の金利を免除した場合や、債権について長期間回収しなかった場合に該当します。

**・業務委託費の親会社負担**

進出先の国の市場調査業務や経理業務等について、海外子会社に請求せず、親会社が負担すると該当します。

**・親会社資産の贈与**

パソコンや携帯電話等、親会社が購入した備品を贈与した場合に該当します。

# 海外子会社に対する援助

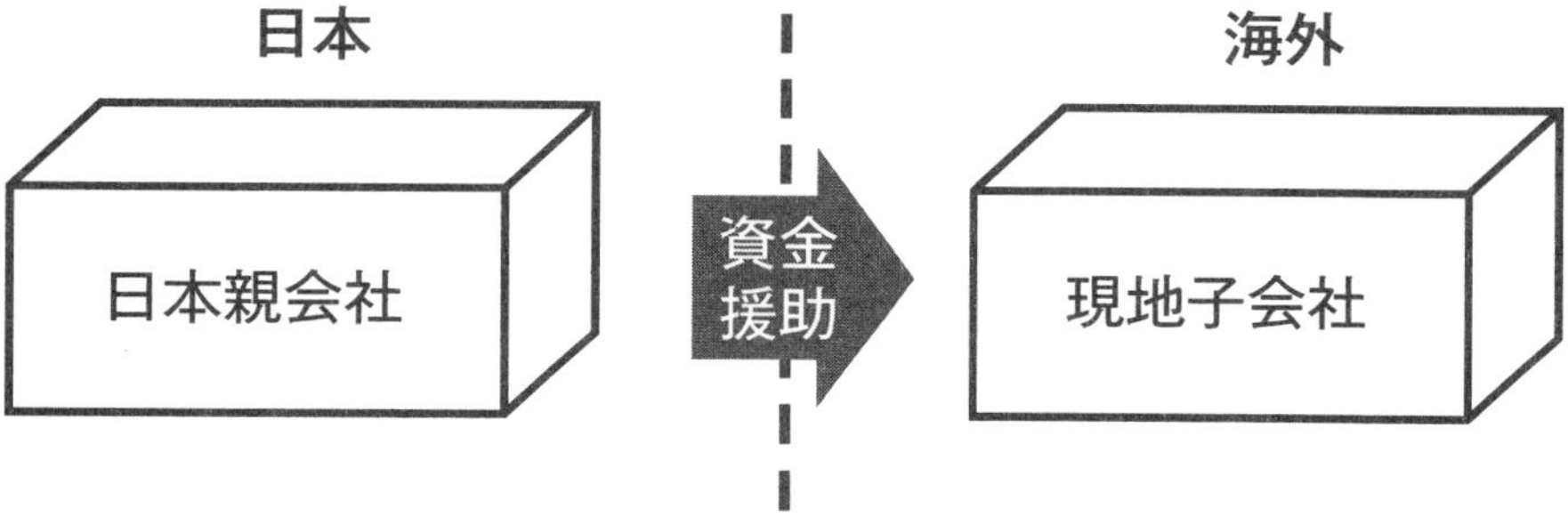


- 出向者給与の未請求
- 金利の免除
- 業務委託費の親会社負担
- 親会社資産の贈与　等

**国外関連者に対する寄附金に該当＝損金不算入**

# 34 各国の税制優遇や経済特区の活用

## あくまで「特例」なので、廃止されるケースもある

海外進出の際にどの国に進出するかということを考える場合、その事業の市場規模や将来性、人件費の安さ、インフラの整備状況等さまざまなことを総合的に考えて決定していきますが、最近では税制優遇や政府からの援助の有無も決定の際の1つの要因となるケースが増えています。

日本にも、設備投資を行った場合や、従業員をある一定数以上雇用した場合等に、税制が優遇される特区がありますが、海外にも企業誘致のために外国からの投資に対して税制優遇を行ったり、経済特区を設定しさまざまな優遇措置を与えたりしている場所があります。

特に成長が著しい東南アジア地域においては、各国が企業誘致のために優遇税制の創設や、経済特区の設定を盛んに行っています。

例えばシンガポールには、国際統括業務、金融サービス、貿易、海運、航空等の国家として力を入れているさまざまな業種の法人に対して、一定期間の免税、軽減税率の適用、課税所得計算における費用の二重控除等の税制優遇があります。

また、インドネシアや、マレーシア、タイ、ベトナム等多くの東南アジアの国では投資奨励地域や自由貿易地域等の経済特区を設定して、法人税や付加価値税、輸出入関係の諸税の軽減や免除等の優遇措置が行われています。もちろん、こういった税制優遇や経済特区があるのは東南アジアだけではありません。

ただし、税制優遇や経済特区はあくまで進出国決定の際の1つの要因にすぎません。これらを優先するあまり、他の要因に目をつぶってしまい、結果的に海外進出に失敗したというケースもあります。また、これらはあくまで「特例」であり、経済や財政の状態の変化や、政権交代の際等に、政府の決定によって廃止されるケースもありますので注意が必要です。

## 税制優遇や経済特区の活用

法人税免除

関税免除

軽減税率

費用二重控除

さまざまな企業誘致策

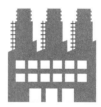

要件に合致すればメリットが大きい

- 重点業種に該当
- 特定地域への立地
- 一定の設備投資　等

# 35 現地での関税と輸入規制

## 関税コストは意外と大きい

### ●商品販売で気をつけること

日本で製造した商品を海外で販売する場合、販売国側でその商品を輸入する必要があります。その際にネックになるのが、関税と輸入規制です。

### ●関税

関税は、自国の産業を保護することを目的として、輸入する際に課される税金で、国によって、また商品の種類によってもその税率は異なります。関税は他の費用のように節約することもできず、直接利益に影響を及ぼしますので関税率が高い国で商品を販売しようとする場合には、売価を上げなければ利益が出ないケースもあります。

例えば、売価１００円、仕入価格80円の商品に対し関税率が30%だとすると、24円の関税が課せられ、粗利の段階で赤字になってしまいます。そうなるとその国で販売を行うには売価を上げざるを得ませんが、売価を上げると価格競争力が落ちるというジレンマに陥ることもあります。

関税は商品の種類ごとに税率が異なりますが、自社商品がどの種類に該当するかの判断が難しい場合もあります。例えばある国では健康食品として取り扱われても、他の国では医薬品として取り扱われるということも起こり得ます。また、税関の調査によって、当初申告していた分類が違うと指摘され、他の分類に変更されることにより関税率が変わることもあり得ます。

### ●輸入規制

商品を他国に納入する際は、関税だけでなく輸入規制にも注意する必要があります。例えば、当該国で規制の対象となっているもしくは認可されていない成分が使用されている、当該国の安全基準を満たしていない商品である等の理由により、輸入ができないケースも見受けられます。

# 関税と輸入規制

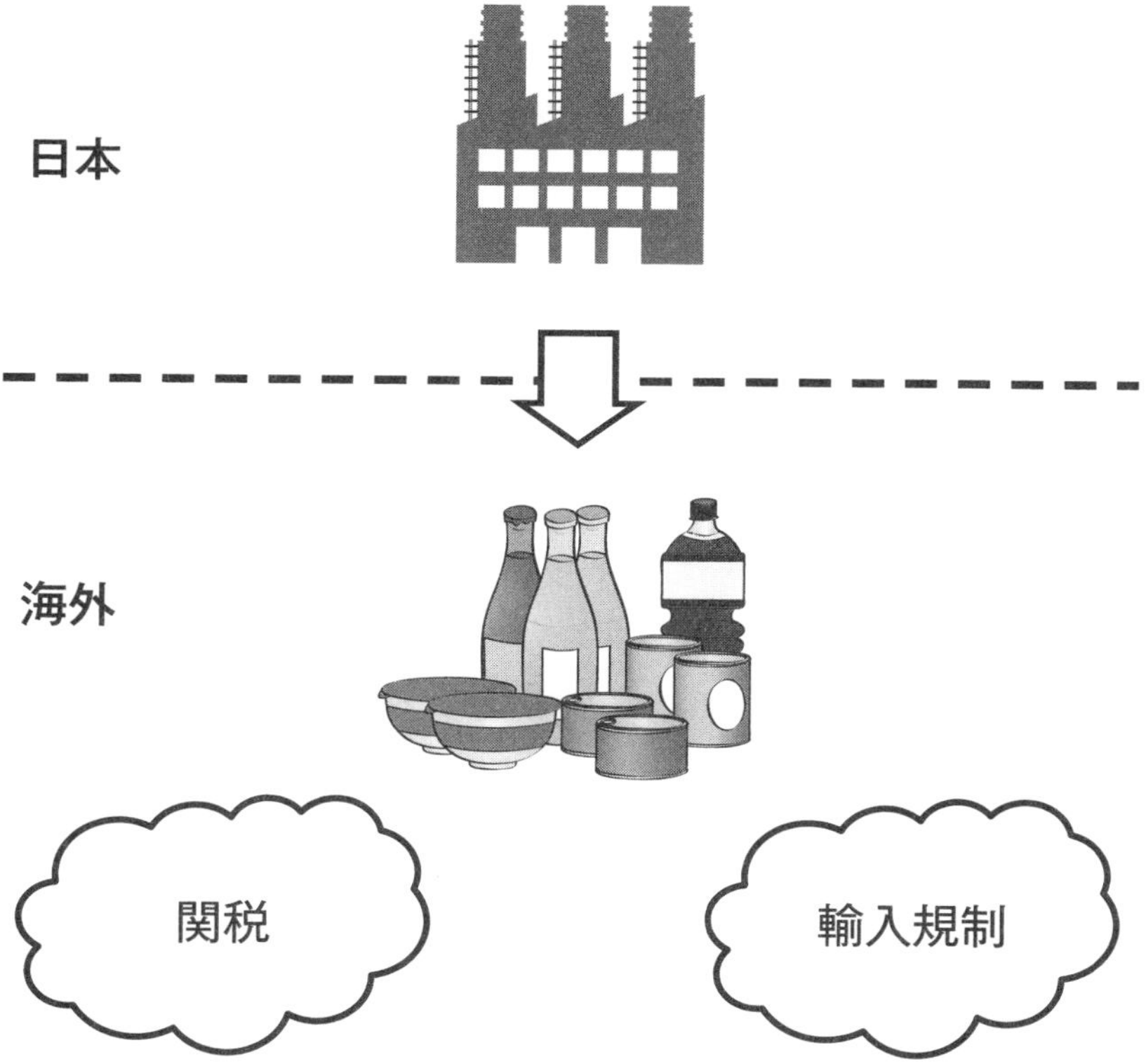


当該国での事業に影響を及ぼす可能性

事前に十分な検証が必要

# 36 ビジネスや商品に許認可が必要な場合

## 文化や宗教による規制や業種規制に注意

### ●商品自体の販売規制

外国で商品を販売しようとする場合、日本で販売している商品がそのまま販売できるとは限りません。例えば、飲食関係の商品の場合、使用が認められていない成分が入っていて販売ができないこともありますし、電化製品で安全基準を満たしておらず販売できない場合もあります。

安全という側面からの規制だけでなく、文化や宗教による規制も存在します。例えば、イスラム教の教えでは豚肉や豚に由来する成分、アルコール等を口に入れることは厳禁とされています。そのため食品や飲料等についてイスラム教徒の人々が安心して口に入れられるように、イスラム法において合法であることを示す「ハラール」という認証制度がありますが、国によってはこのハラールを取得していないと輸入や販売ができないこともあります。

### ●ビジネスを行うまでの許認可

日本の場合、規制業種以外のビジネスに関しては特に許可が必要なく、自由に始められますが、海外の場合には事前に営業許可が必要な場合や、納税者番号の取得が必要なケースもあります。また、法人設立に際しても、外資の投資規制があったり、資本金の規制があったり、役員の制限があったりと日本とは法律が違うことに十分注意する必要があります。

### ●外資系企業に対する業種規制

日本にもありますが、海外でも外資系企業に対する業種規制があります。これも国によってさまざまですが、発展途上国であればあるほど、自国の産業発展を守ろうとする傾向が強いので、規制されている業種が多くなっています。特にインフラ関係や金融業務、資源関係の業種については規制されているケースが多く見受けられます。

# ビジネスや商品の許認可

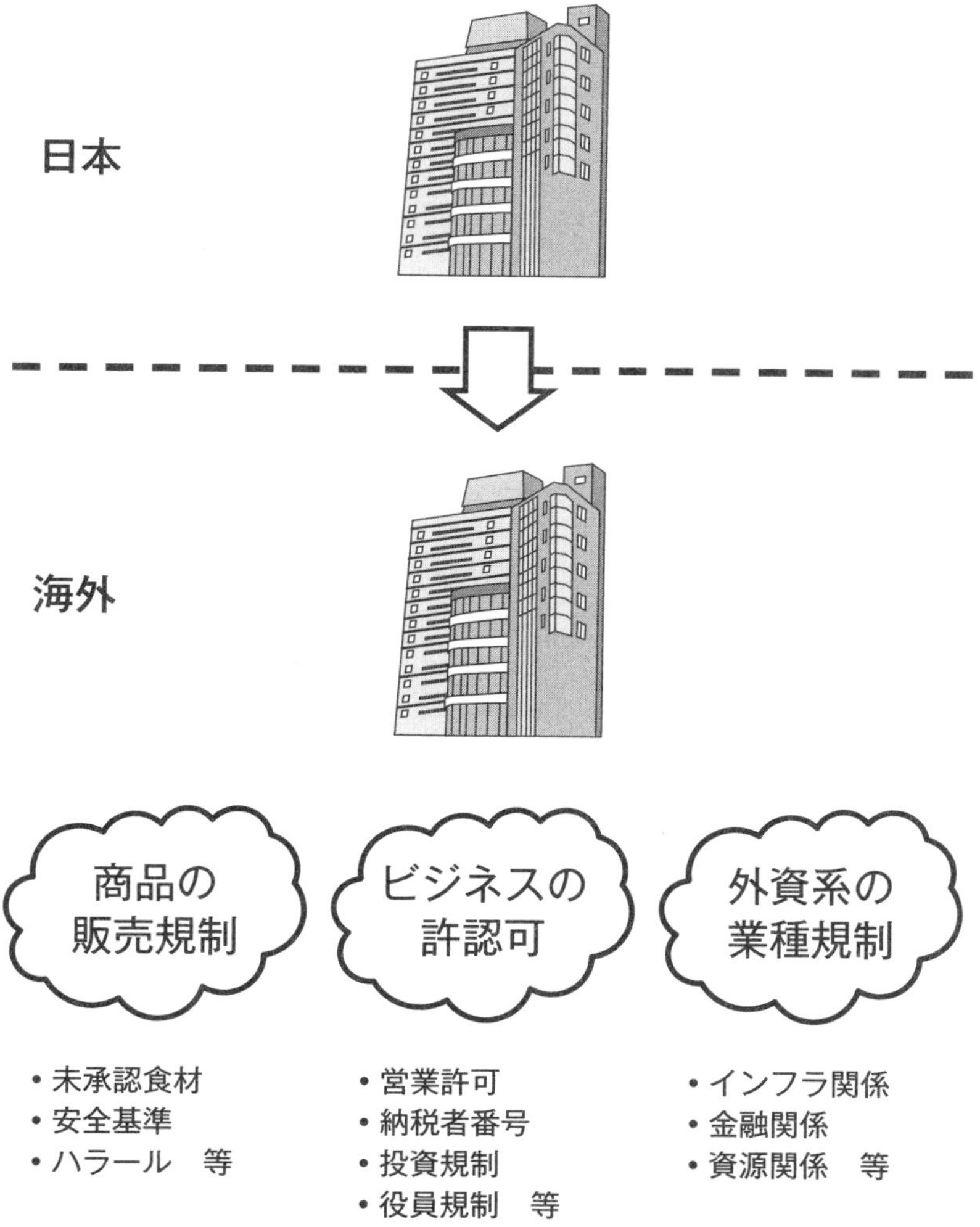

column

## コラム 海外進出に対するハードル

近年，大企業はもとより中小企業にとっても海外進出のハードルが昔より下がってきていますが，そうは言ってもそれなりのハードルがあるのも事実です。その第一関門となるのが，ルールや商習慣の違いです。法人の設立にしても何にしても現地の法令に従わなければならないですし，商習慣も違いますので最初は戸惑うことも多いと思います。

例えば，日本では中小企業に対しては公認会計士による会計監査は義務づけられておりませんが，香港やシンガポール等，すべての企業に対して会計監査が義務づけられている国もあります。資金決済の方法も日本では銀行振込が多いですが，海外の場合は小切手での支払が一般的です。

このルールや商習慣の違いは，最初は戸惑うかもしれませんが次第に慣れてくるもので，海外進出が成功するかどうかの最大のポイントは次に直面する従業員の雇用に関する問題だと思います。

日本では，例えば経理の担当者に総務業務を手伝ってもらう等，各部署の従業員がお互いに補完し合って業務を進める事がありますが，海外では自分の担当以外の仕事はやらないのが一般的ですし，仕事の内容を詳細まで明確にし，それについてきちっとした評価をすることが求められます。当然ながら年功序列と言う概念もありませんし，賃金もその仕事の内容に見合っているかどうかで判断されます。また，滅私奉公の考え方はないため（日本でも最近は少なくなりましたが），条件が良い職場があれば簡単に転職もします。もちろん国によって違いはありますが，こういった雇用環境を理解してマネジメントを行うことができるかどうかが海外進出においては大きなカギを握ると思います。

また，近年では日本の賃金はあまり増加していないのに対し，海外は賃金が上昇していますし，円安が進む場合には，当初想定していた以上の費用が発生することもあります。

今まで多くの日本企業の海外進出のお手伝いをさせていただきましたが，海外進出に成功している企業に共通しているのは従業員の雇用に関する問題に日本の常識を持ち出さないということです。「郷に入らば，郷に従え」という言葉がありますが，海外展開をスムーズに進めるためには，まさにこの言葉を実践することが大切なのではないかと思います。

# 第6章

# 外国子会社配当益金不算入制度ってなに？

# 37 基本的な考え方

## 海外子会社の利益を日本親法人に配当しやすくなる制度

### ●制度が制定された経緯

本制度が制定される前は、外国子会社からの配当も他の国外源泉所得と同様に、内国法人の課税所得となり日本で課税されていました。そして、配当に対して外国で課された源泉徴収税額や、外国でその子会社が稼得した所得に課された税額のうち、その配当に対応する部分の金額は、外国税額控除の対象とされ、日本の法人税額から控除されていました。

しかしながら、この制度のもとでは税率の低い国の子会社から日本の親会社へ配当すると、実質的にその子会社の所得に対し、日本の高い法人税率が課されるのと同様の状況となります。企業にとっては税コストを最少化し再投資に充てる金額を増やすことが使命ですから、日本の親会社へ配当することなく、その国や他の国の投資に充てることが必然的に優先され、日本の親会社へ資金が戻ってこないこととなり、日本から海外への事業の移転を加速させることにもなっていました。

そこで、海外子会社で稼得した利益に対する課税は海外で完結し、日本では課税しないという意図のもと、平成21年度税制改正により本制度が制定されました。

### ●基本的な仕組み

この制度は内国法人に対してはすべての所得に対して課税するという「全世界所得課税」の例外として位置づけられています。外国子会社からの配当のうち、95%が益金不算入とされ、5%は課税対象となるので、完全な「国外所得免税制度」ではありませんが、それに近い位置づけとなっています。

その一方、国外所得免税制度と同等の制度ですので、この配当に関する外国税額控除はありません。そのため、法人税率の高い国の子会社からの配当に関しては、現地の法人税＋配当に係る源泉所得税を考慮すると、制度導入前と比較して税負担が増えることも考えられます。

# 外国子会社配当益金不算入制度の考え方

### （制度導入前）

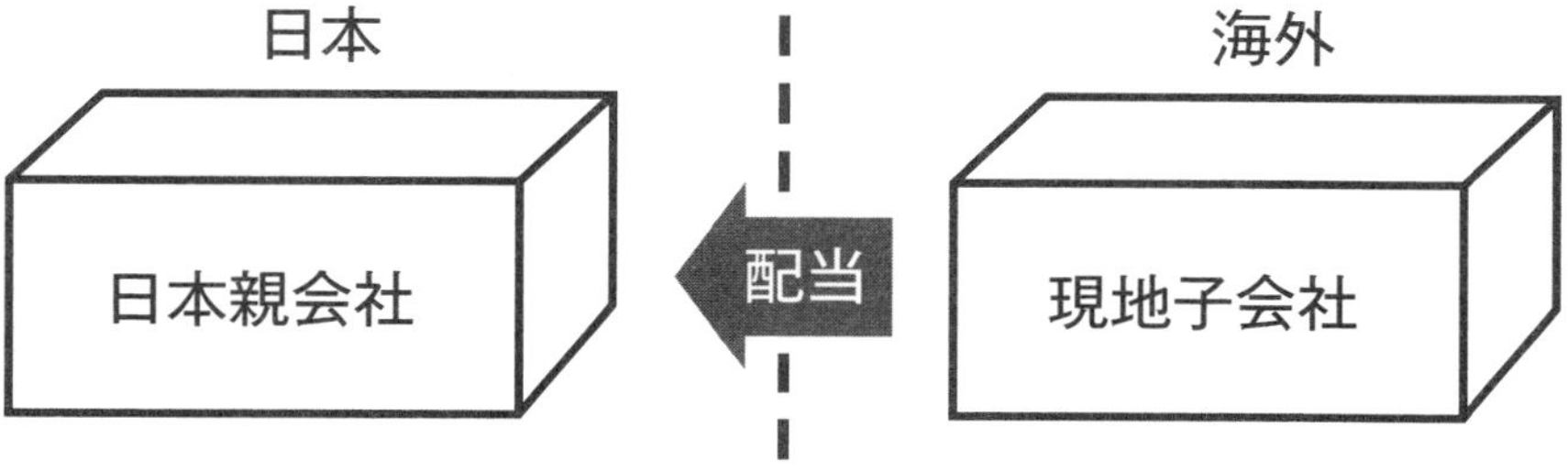


- 配当は益金算入
- 現地子会社の納めた法人税等は外国税額控除

→日本に配当をすると現地子会社の所得にも日本の高い法人税率が適用される

### （現在）

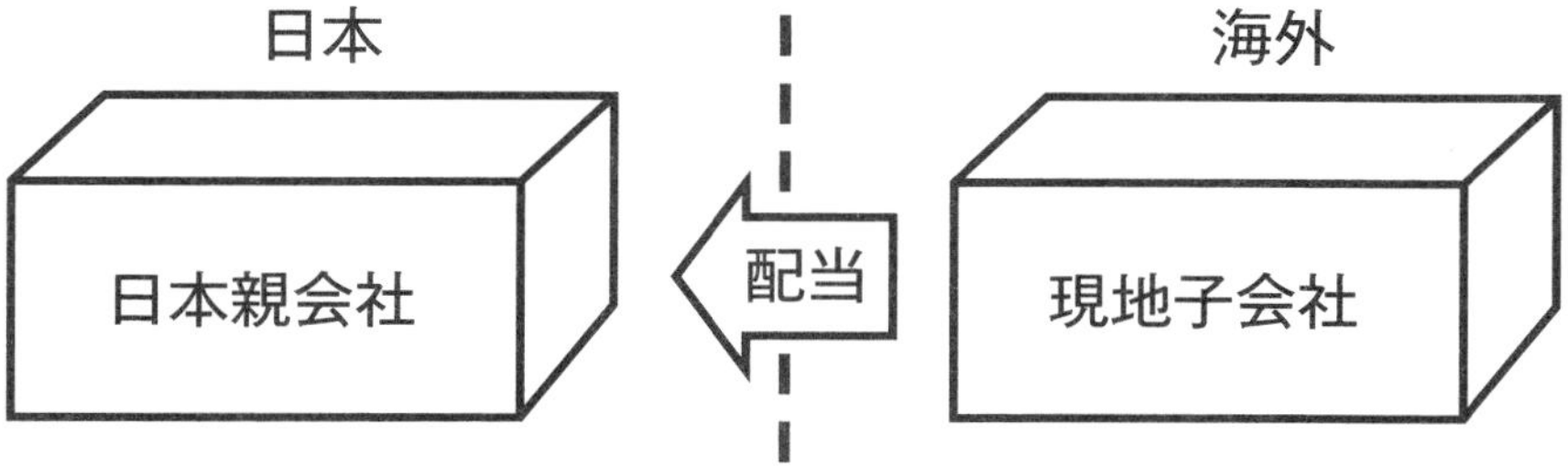


- 配当の95％は益金不算入
- 対象の配当については外国税額控除の適用はない

→現地で課税関係が終了し，日本の高い法人税率が適用されないため，配当がしやすくなる。

# 38 対象となる外国子会社

50%ではなく25%以上の持株割合が対象

**●持株割合は25%以上**

外国子会社配当益金不算入制度の適用を受けるための1つ目の条件は、日本の親会社の持株割合が25%以上であることです。この持株割合の判定には、発行済株式の総数または議決権のある株式のうち日本の親会社が保有している株式数の占める割合を使用します。

外国子会社というと支配関係のある50%を判断基準として考えるのかと思いがちですが、この制度では25%以上が基準となり、実質判定の基準等もありませんので、会計上の連結子会社でない会社からの配当であっても、この制度の対象となることもあります。

持株割合は、グループ通算制度を採用している法人は通算グループ全体での持株数で判定しますが、単体申告を行っている法人は、その会社単体で判定します。

また、租税条約の二重課税排除条項によって25%という基準が引き下げられている場合もあります。

**●保有期間は確定日前6ヶ月以上**

外国子会社配当益金不算入制度の適用を受けるための2つ目の条件は、配当等の支払義務が確定する日以前6ヶ月以上継続して外国子会社の株式を保有していることです。ただし、その外国子会社が配当等の支払義務確定日以前6ヶ月以内に設立された新設法人である場合には、その設立の日から配当の支払義務が確定する日までの間に継続保有されていれば、6ヶ月判定の要件は満たすものとされます。

**●どちらかの要件を満たさない場合**

前述の2つの要件のうち1つでも満たさない会社からの配当に関しては本制度の適用はありません。この場合、当該配当については、他の収益と同様に益金として課税所得に算入され、その配当に関する源泉税は直接外国税額控除の適用を受けるか、損金の額に算入されることとなります。

# 対象となる外国子会社

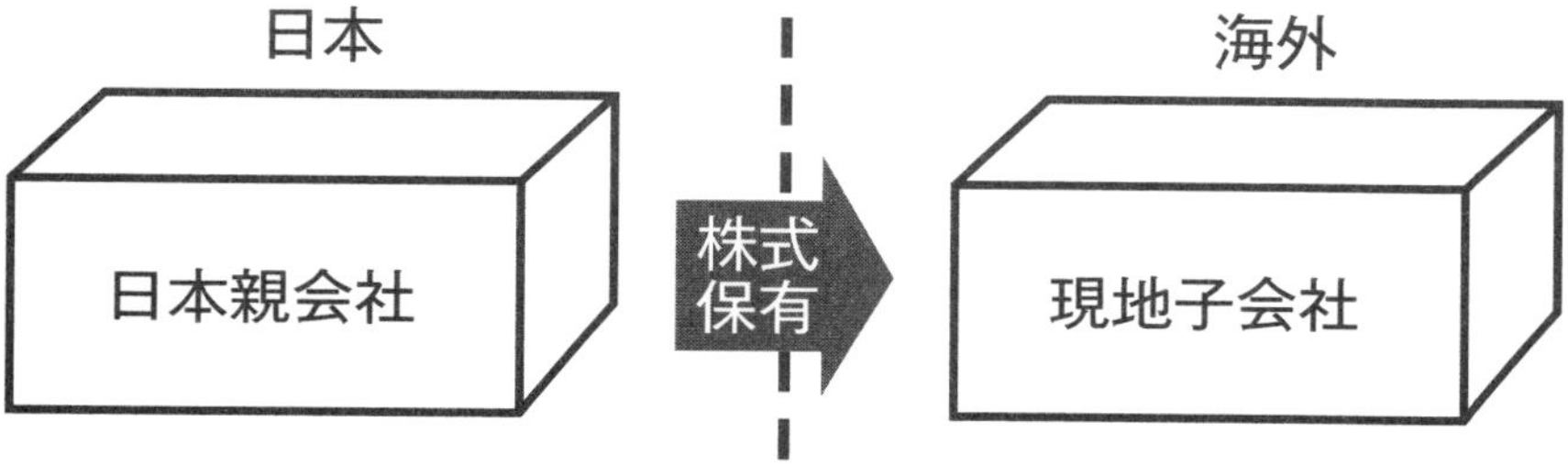
日本
海外
日本親会社
株式
保有
現地子会社

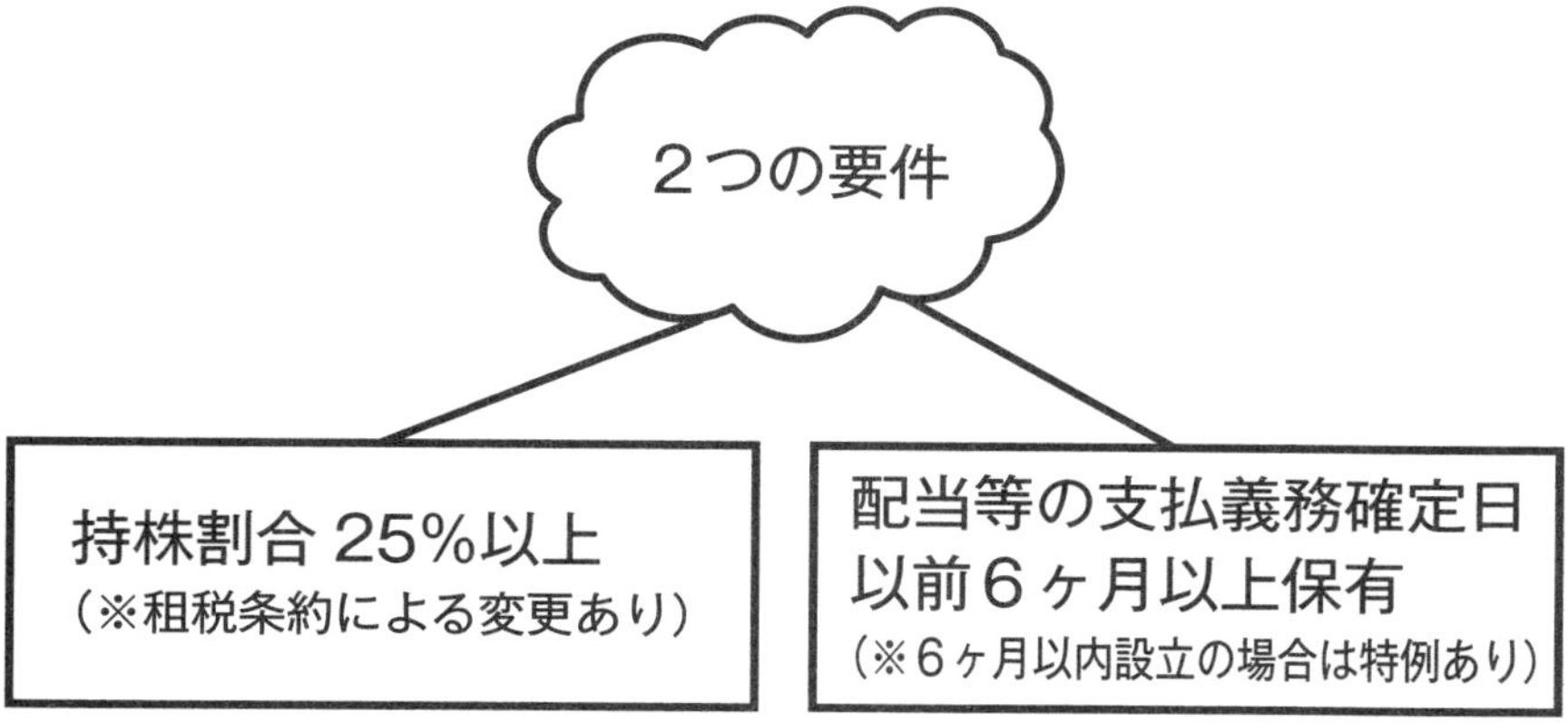
２つの要件
持株割合 25%以上
（※租税条約による変更あり）
配当等の支払義務確定日
以前６ヶ月以上保有
（※６ヶ月以内設立の場合は特例あり）

# 39 具体的な計算方法

## 国外所得免税方式の考え方を参考に

### ●益金不算入額の計算

外国子会社配当益金不算入制度は、要件を満たす外国子会社からの配当については益金不算入とし、日本の法人税の計算に含めないようにしていますが、その益金不算入額の具体的な計算方法は次のとおりです。

「外国子会社からの配当等の額－当該配当等の額の5％」

この算式からもわかるように、外国子会社からの配当のすべてが益金不算入とされるわけではなく、5％相当額については課税されます。益金不算入となる金額は外国子会社から受け取った配当からそれに係る費用を控除した純額にしようという考え方のもと、当該費用については実額で算出するのは難しいことから、配当等の5％とされています。

なお、外国子会社からの配当のうち、外国子会社において損金算入される配当は対象外となります。

### ●配当に係る外国源泉税

外国子会社から配当を受け取った場合には、その子会社の所在する国の税制により、その一部につき源泉徴収される場合があります。この金額は日本と当該国の間で締結された租税条約により、免除または軽減される場合もあります。

外国子会社配当益金不算入制度は、「国外所得免税方式」の考え方で採用された制度です。国外所得免税方式は国外で稼得した所得や税額を除外して課税所得の計算を行うことにより二重課税を排除する方式ですので、国外所得を課税所得計算に入れない代わりに、外国で課された税額も考慮しないのが一般的です。

外国子会社配当益金不算入制度においても、当該配当の金額を所得に算入しない代わりに、当該配当等に係る源泉税については、外国税額控除や損金算入の適用はなく。考慮しないこととなっています。

## 具体的な計算方法

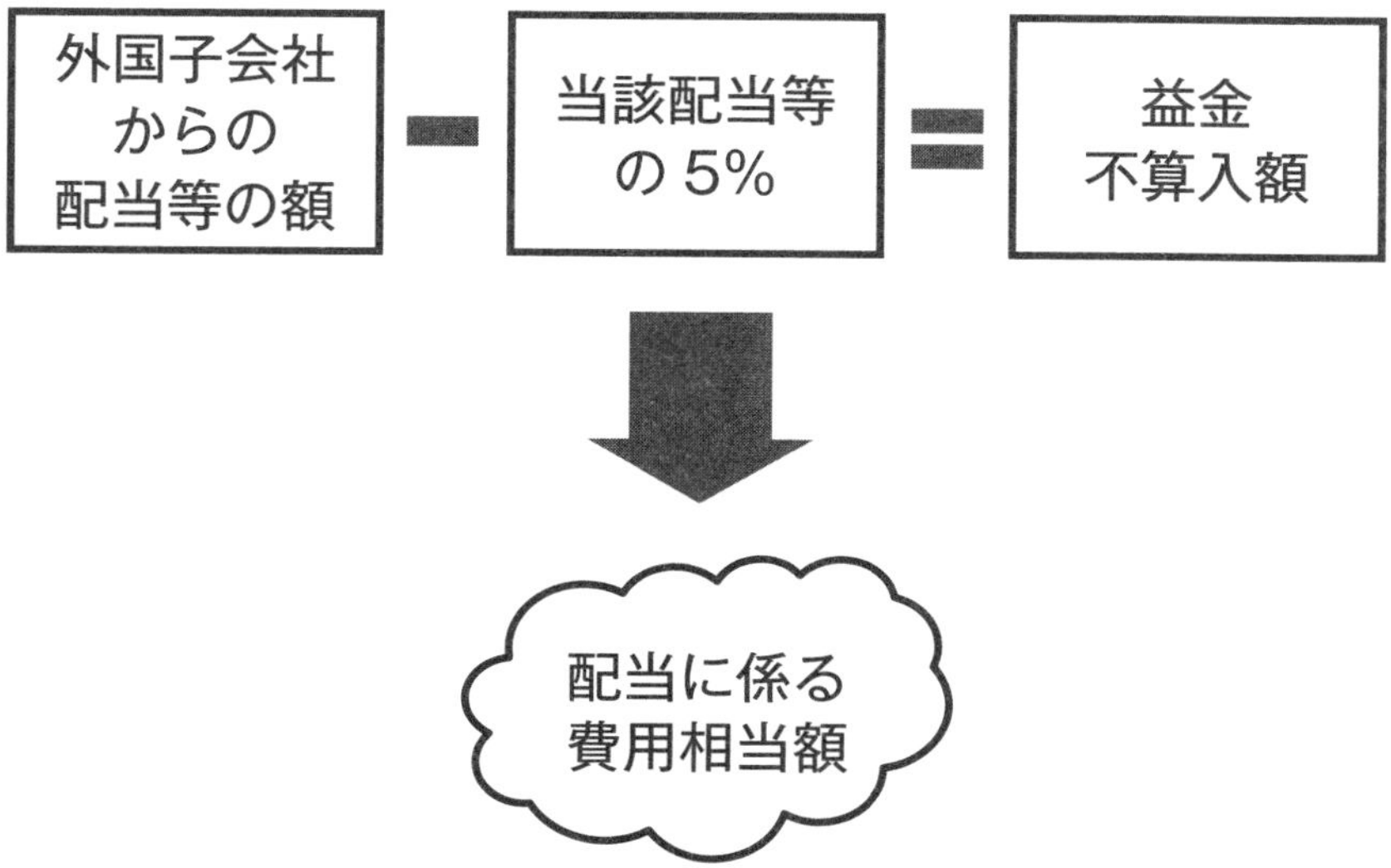

外国子会社からの配当等の額
当該配当等の5%
益金不算入額
配当に係る費用相当額


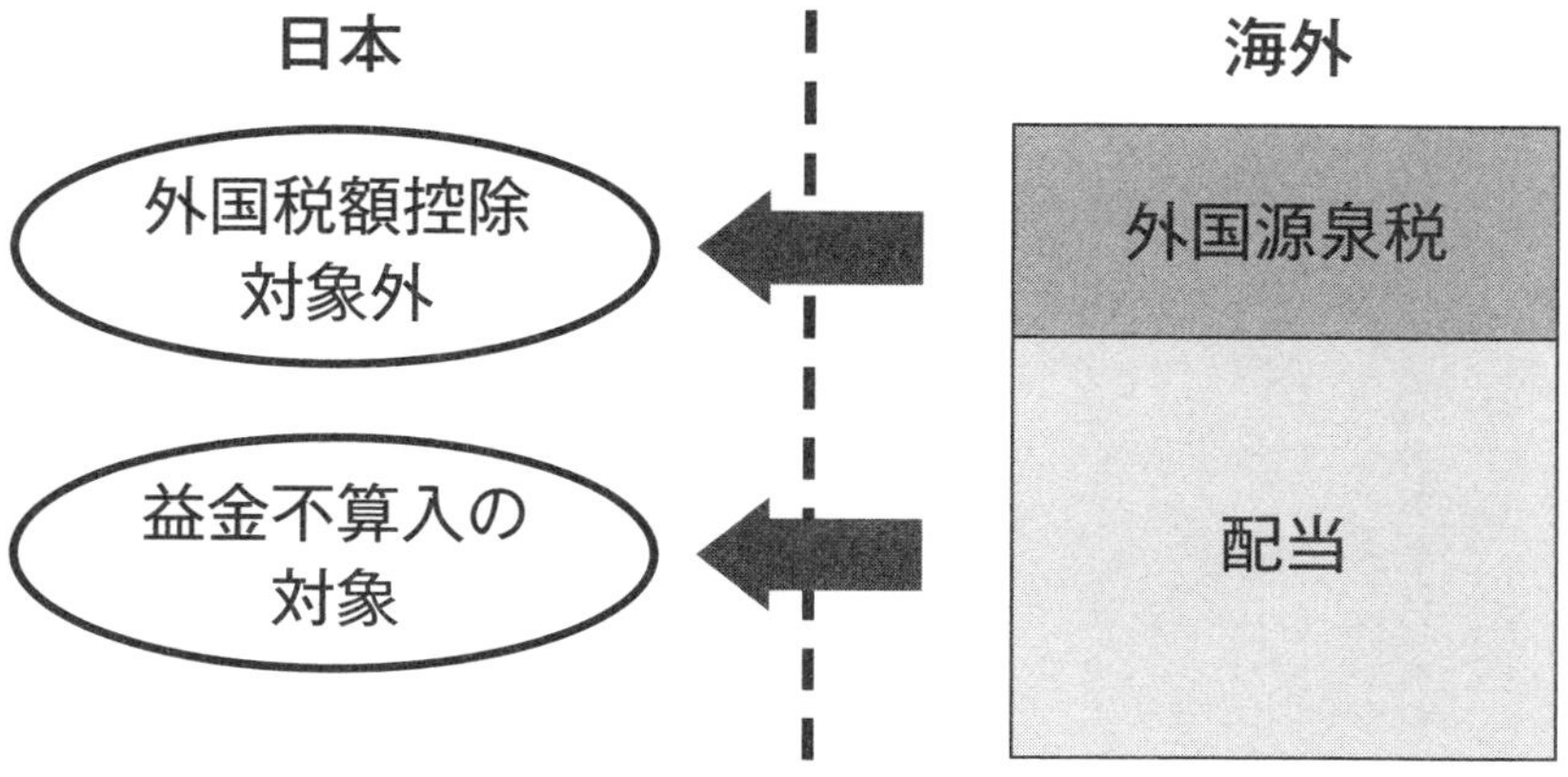

日本
海外
外国税額控除対象外
益金不算入の対象
外国源泉税
配当

# 40 子会社株式簿価減額特例に注意

## 配当を受けると子会社株式の簿価が減額される？

### ●子会社株式簿価減額特例とは

令和2年度税制改正において制定された制度で、一定の会社から配当を受け取った場合に、株式の帳簿価額を減額させるというものです。この制度は、株式を取得し、配当を受け取った後に、時価が下がった状態でその子会社株式を譲渡すると、配当は益金不算入となるために課税されず、譲渡損については損金計上できるという税法の歪みを利用した租税回避に対処するために制定されました。

### ●子会社株式減額特例が適用される場合

本制度は、日本での租税回避に対処するための制度ですので、租税回避目的でない場合として次のいずれかに該当する場合には適用除外とされています。

**1　内国株主割合要件**

子会社（外国法人を除く）の設立時から特定支配日までの期間を通じて、内国株主による出資割合が90％以上であること

**2　特定支配日利益剰余金額要件**

配当等を行った後の子会社の利益剰余金の額が特定支配日の利益剰余金の額を下回らないこと（特定支配関係発生後に増加した利益剰余金の範囲内の配当であること）

**3　10年超支配要件**

特定支配日から対象とされる配当等の額を受ける日までの期間が10年を超えること

**4　金額要件**

同一事業年度内の配当等の額の合計額が2千万円を超えないこと

外国子会社の場合、1の適用除外要件は適用されませんので2から4のいずれかに該当しない場合には、受け取った配当等については、株式の帳簿価額の減額が要求されます。

# 子会社株式簿価減額特例

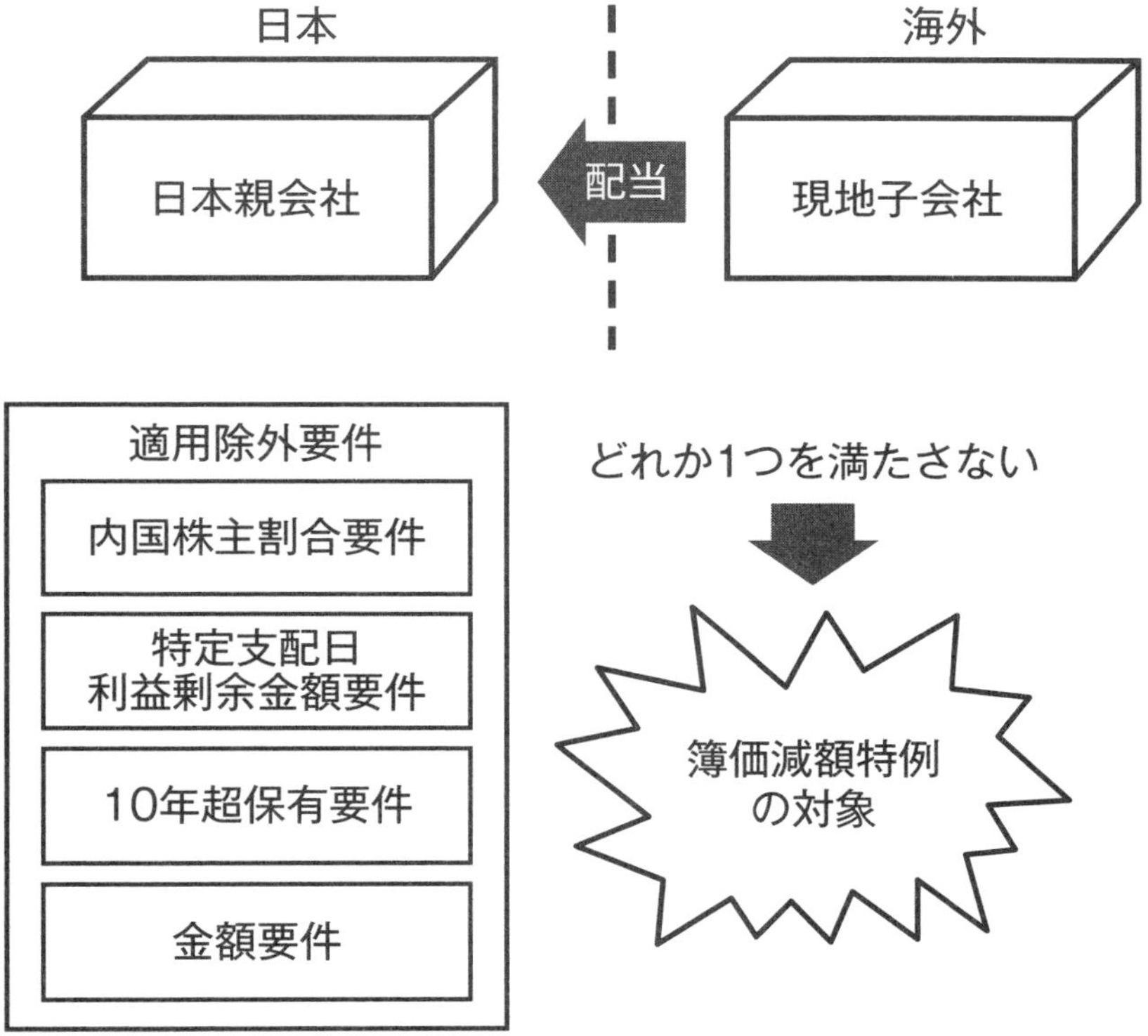

column

コラム

## ソフトバンク税制の登場

子会社株式簿価減額特例のことを通称「ソフトバンク税制」と呼ぶのは広く知られているところです。ソフトバンクはタックスプランニングに積極的な企業グループということで知られていましたが，この制度も，ソフトバンクが買収した海外子会社から配当を行い，その配当については外国子会社配当益金不算入制度を使い，その後，価値の低くなった海外子会社を時価で売却したことにより譲渡損を出し，多額の節税を図ったことが原因だと言われています。もちろん，これは違法ではありませんが，税法の歪みを利用した節税スキームとも言えます。そのため，このスキームが世間に知られるようになってから異例のスピードで法制化されました。

この制度は主に海外子会社を利用した場合のスキーム潰しであって，日本法人はそもそも利益剰余金が増えていく過程で，日本で法人税を払っているから適用はしないのが原則的な考え方なのではと考えられていますが，制度上は海外子会社に限られていません。

設立当初から子会社なのであれば注意は不要ですが，他社から取得した子会社の場合には，設立から現在まで，海外法人や非居住者に10％超の株式を保有されたことがなく，それを証明できなければ適用除外要件となる内国株主割合要件を満たせませんので注意が必要です。

昨今は事業承継目的等でのM&Aで他社から子会社を取得するケースも増えていますが，そういった場合には，過去の株主に海外法人や非居住者がいないかどうかの調査·検討も必要となります。

制定当時は，過度に厳しい規定だったため，企業の健全な事業活動を過度に阻害する部分があるのではないか？という声もあり，令和４年度税制改正で若干要件が緩和されました。できたばかりの税制ですので，今後も細かい改正がされることが予想されますので，改正情報もキャッチアップする必要があります。

# 第7章

# 外国税額控除ってなに？

# 41 基本的な考え方

## 国際的二重課税の問題を回避・軽減するための制度

### ●基本的な考え方

国境を越えて国際的なビジネスを行う場合、居住地国で全世界所得課税の適用を受け、所得源泉地国でも課税を受けると、国際的二重課税の問題が発生します。租税条約が締結されている場合でも、所得源泉地国に課税権がある場合には二重課税は発生します。それを回避・軽減する目的で設けられている制度が外国税額控除制度です。

この制度は居住地国において全世界所得課税が採用されている国においては、ほとんどの国で採用されていますが、国外所得免税方式を採用している国においては、国際的二重課税が発生しないことから、採用されている国はほとんどありません。

### ●日本ではどのような場合に対象となるか

外国税額控除は所得源泉地国において納付した外国税額を法人税において控除する制度であり。日本の外国税額控除も同様の考え方によって制定されています。

例えば、外国に支店を設置して、現地でその支店の所得に対して納付した法人税や、外国から受け取る配当、利子、ロイヤリティ等について現地で源泉徴収された税額等が対象となります。なお、第6章に記載した外国子会社配当益金不算入制度の対象となる配当は、課税の対象とならず二重課税とならないため、その配当に対して外国で源泉税を納付していても、その源泉税は外国税額控除の対象とはなりません。

### ●外国税額控除を選択せずに損金算入も可能

外国税額控除は任意の規定ですので外国税額を支払った場合でも適用しないこともできます。外国税額控除は後述する方法により控除額を計算しますが、限度額が低いために十分な控除をとれない等の理由により、外国税額控除の適用をせず、外国税額を損金算入する方が有利な場合もあります。

# 外国税額控除の考え方

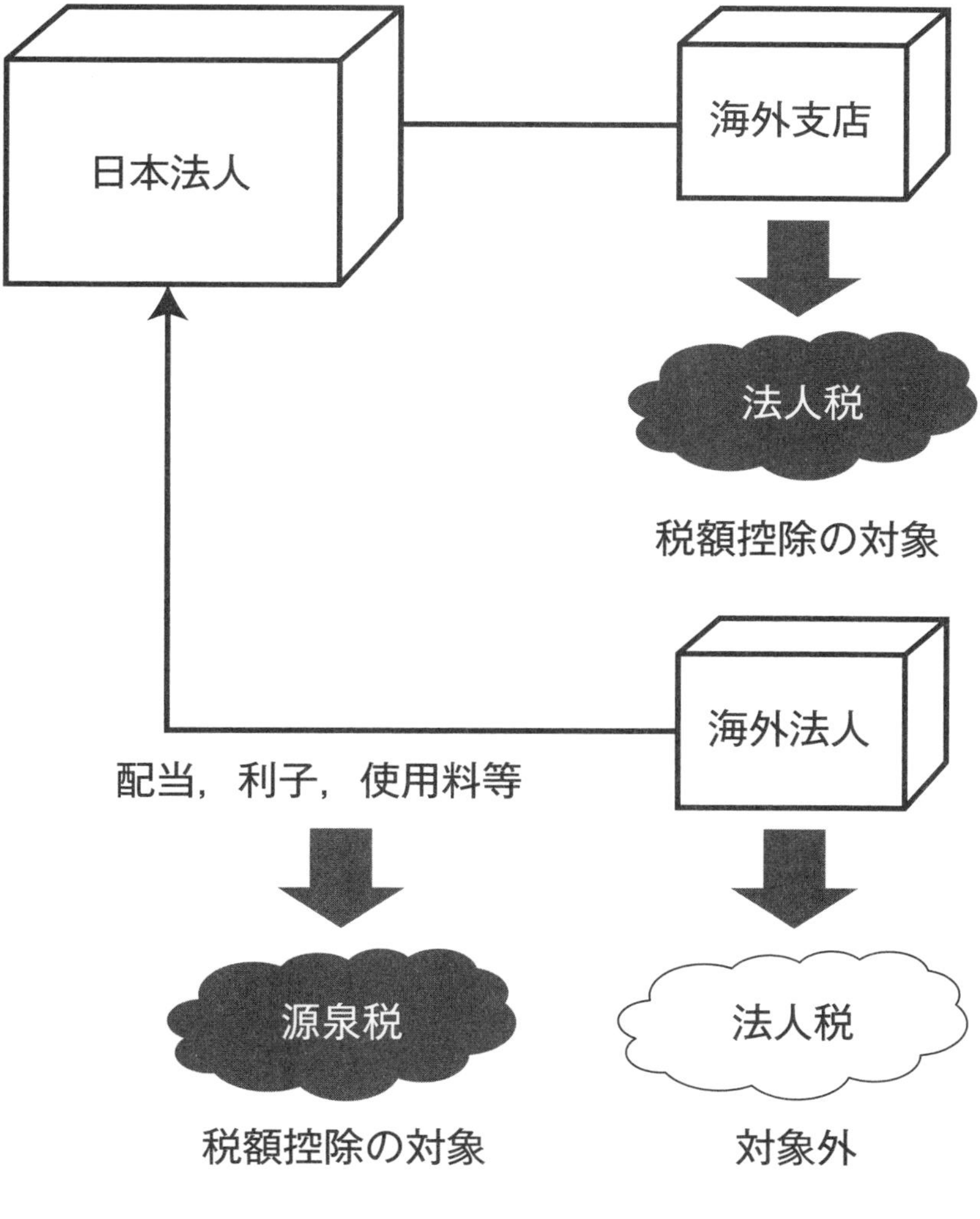

# 42 控除の対象となる外国法人税

35%を超える部分は税額控除の対象にはならない

**●外国法人税に該当するか**

第2章で見たように、諸外国の租税体系は国によって異なり、さまざまな税金がありますが、そのすべてが外国税額控除の対象となるわけではありません。外国税額控除の対象となる「外国法人税」は「外国の法令に基づき外国またはその地方公共団体により法人の所得を課税標準として課される税」であり、所得を課税標準としない税は除かれています。

この中には、所得の特定の部分を課税標準として課される税や所得やその特定の部分を課税標準として課される税の附加税、所得を課税標準として課される税と同一税目に属する税で法人の特定の所得につき徴税上の便宜のため所得に代えて収入金額等を課税標準として課されるもの等も含まれます。

**●控除対象外国法人税に該当するか**

外国法人税に該当する税であっても、必ずしもそのすべてが外国税額控除の対象とはなりません。

外国法人税のうち日本よりも税率が高いものを外国税額控除の対象としてしまうと、日本において過剰に控除を受けることになりかねません。そこで、負担が高率な部分として、35%を超える場合にはその超える部分の税額は税額控除の対象とはなりません。

また、日本で非課税とされている所得に対して課される外国法人税、例えば外国子会社配当等の益金不算入の対象となる配当に係る外国法人税等については対象となりません。

**●時期にも注意**

外国税額控除の対象となる外国法人税は各事業年度において納付が確定したもののみとなります。そのため、支店の所得に係る外国法人税のように事業年度終了後に確定するものについてはその事業年度の控除の対象とはなりません。

# 外国税額控除の対象

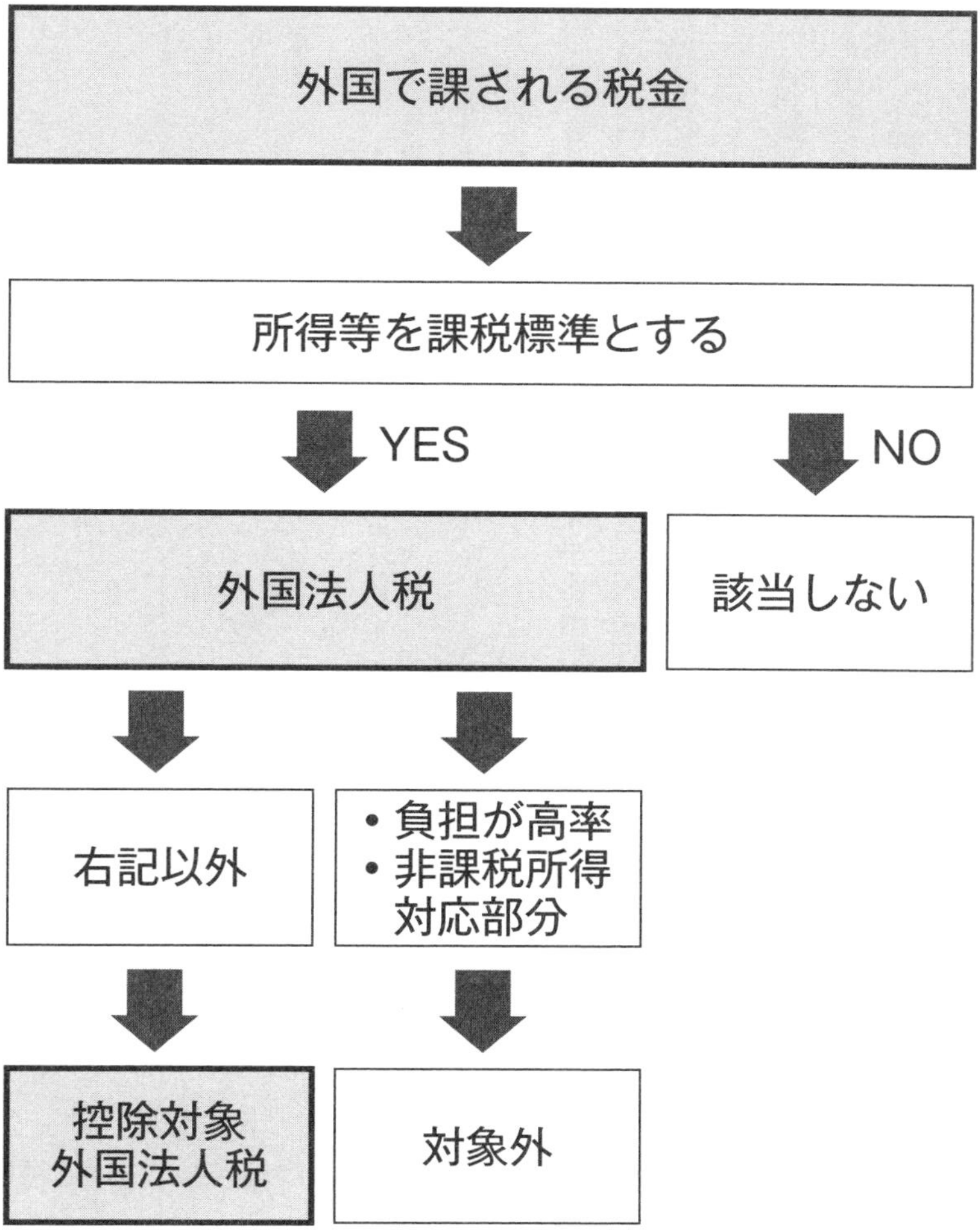
外国で課される税金
所得等を課税標準とする
YES
NO
外国法人税
該当しない
右記以外
・負担が高率
・非課税所得対応部分
控除対象外国法人税
対象外

# 43 国外源泉所得ってなに？

国内源泉所得の反対の概念

**●基本的な考え方**

内国法人が国外事業所等で生じた所得について、外国法人税を納付することとなる場合、その納付した外国法人税のうち一定の「控除限度額」に達するまでの金額は、外国税額控除制度を適用することにより、その内国法人の日本における法人税額から控除することができます。この「控除限度額」の計算の基礎となる概念を国外所得金額といい、国外所得金額は、内国法人の国外源泉所得の金額を合計して計算されます。

**●国外源泉所得とは**

国外源泉所得は、法人税法第69条第4項において左図のとおり、国外ＰＥ帰属所得をはじめとする16種類に明確化されています。基本的には、所得税法第１６１条に規定されている国内源泉所得（73参照）の反対の概念ですが、租税条約により異なる定めがある場合には租税条約の規定が優先されます。

**●国外所得金額の算定方法**

国外所得金額は、国外ＰＥ帰属所得とそれ以外の国外源泉所得を区分して計算します。

具体的には、国外ＰＥ帰属所得は、国外ＰＥを内国法人とは別個の独立した事業者と仮定して計算した国外ＰＥに帰属すべき利益に、法人税法上の一定の調整（減価償却超過額の加算等）や内部取引に関する一定の調整（共通費用の配分等）を行って計算されます。

**●外国法人の外国税額控除**

外国税額控除というと、内国法人に適用される制度というイメージがありますが、外国法人の日本のＰＥが第三国で稼得したＰＥ帰属所得について日本でも課税され、第三国との二重課税の問題が発生するため、外国法人にも外国税額控除制度の適用があります。なお、計算方法や考え方は、基本的に内国法人の場合と変わりません。

# 国外源泉所得

| |
|---|
| 1号：国外PE帰属所得 |
| 2号：国外資産の運用または保有による所得 |
| 3号：国外資産の譲渡による所得 |
| 4号：国外における人的役務提供の対価に係る所得 |
| 5号：国外不動産等の貸付けによる所得 |
| 6号：国外の債券、預貯金等の利子等の所得 |
| 7号：国外の配当等の所得 |
| 8号：国外の貸付金利子等の所得 |
| 9号：国外の使用料等の所得 |
| 10号：国外における広告宣伝の賞金の所得 |
| 11号：国外の生命保険契約に基づく年金等の所得 |
| 12号：国外の定期積金の給付補塡金等の所得 |
| 13号：国外の匿名組合契約に基づく利益分配の所得 |
| 14号：国外の船舶又は航空機による運送に係る所得 |
| 15号：租税条約により日本以外で課税される所得 |
| 16号：前各号の所得以外の一定の国外源泉所得 |

# 44 具体的な計算方法

## 控除できないケースもあり得る

**●控除限度額**

外国税額控除は外国で納付した控除対象外国法人税のすべてが控除されるわけではなく、控除できる金額にはある一定の制限が設けられています。

外国税額控除として控除できる限度額は、原則として各事業年度の所得に対する法人税額のうち国外源泉所得を基礎として計算された国外所得金額に対応する部分の金額となります。国外源泉所得は平成26年度税制改正において明確化され、法人税法第69条第4項において16種類が規定されています（43参照）。

ただし、所得に対する国外所得金額の割合が90％を超える場合には最低限のわが国での納税を確保するため、90％が限度となります。

**●控除できないケース**

前述したように、外国税額控除の適用を受ける場合には控除限度額の範囲内で受けることとなりますが、課税所得がマイナスのため法人税額が発生しない、国内源泉所得が少ないため国外源泉所得が総所得の90％を超えてしまう等、国内源泉所得が少ない場合には、外国税額控除によって控除できる税額が実際に納付した外国法人税と比較して少額となってしまう場合もあります。

逆に国外源泉所得が少ないことにより外国税額控除が十分に受けられない場合もあります。例えば、使用料等に対して外国で源泉徴収がされている場合において、その使用料に関する費用を考慮して計算した国外源泉所得がゼロになってしまうような場合には、控除限度額もゼロになってしまいます。

このように控除できないケースでは、外国税額控除の適用を受けずに外国法人税を損金算入するか、後述するように適用を受けて超過した外国法人税を翌年以後に繰り越し、翌年以後に控除を受けるかの選択が必要となります。

# 控除限度額

$$\text{控除限度額} = \text{法人税額} \times \frac{\text{国外所得金額}^{※}}{\text{全世界所得金額}}$$

※90%を超える場合には90%

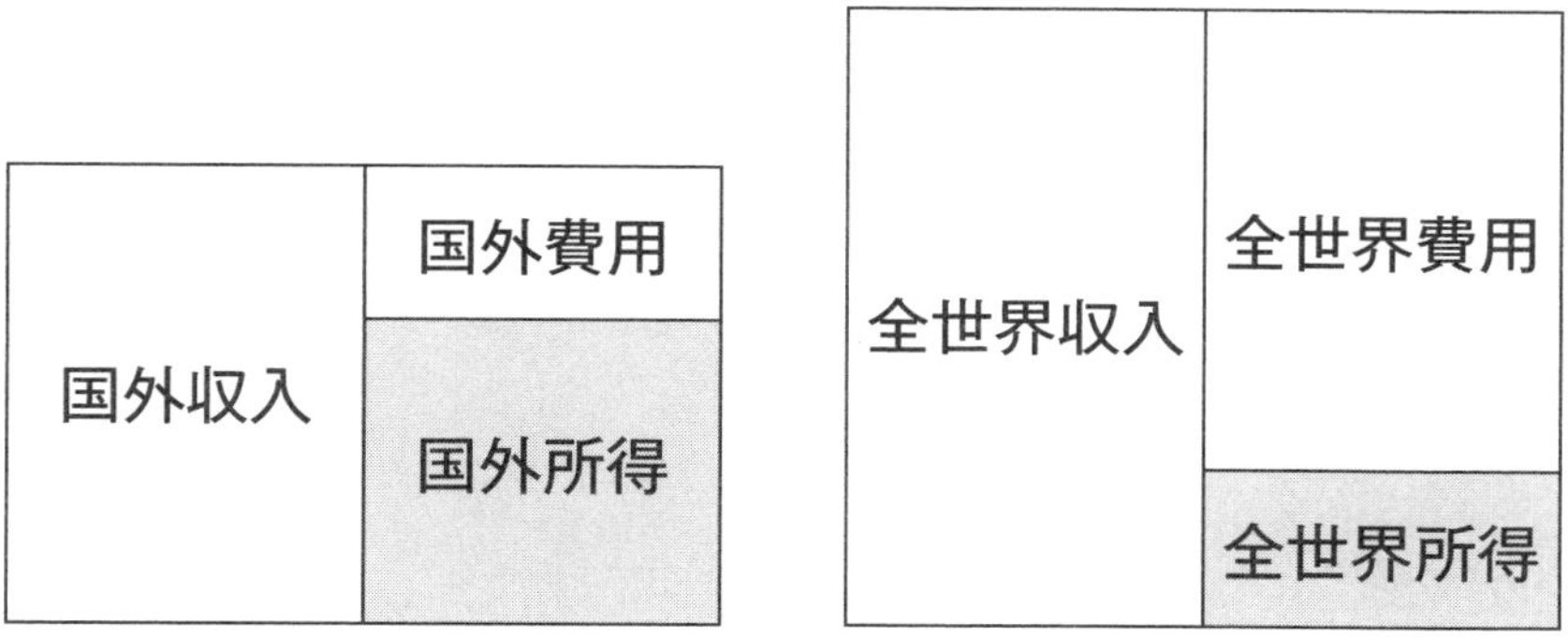


国外所得 ＞ 全世界所得 → 全額控除できない

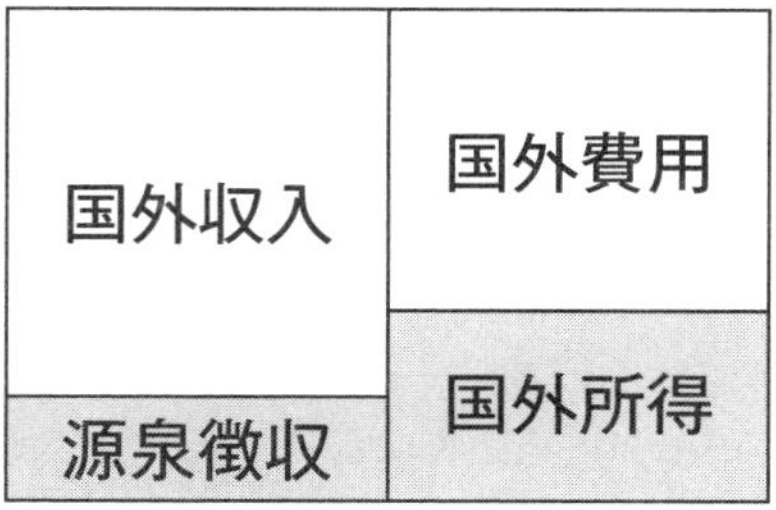


収入に対して源泉徴収され
国外所得が少ない場合も
全額控除できない

# 45 繰越控除制度

## タイミングのずれによる制度活用の検討が必要

**●控除対象外国法人税の全額を控除できない場合**

外国税額控除の控除限度額は44にある計算式により計算されます。その結果、国外所得金額が少ない、法人税額が少ない等の理由により控除できない外国法人税額が発生する場合があります。

この控除できない外国法人税額は住民税からも控除することができますが、住民税から控除しても、なお控除できない金額である控除限度超過額は翌年以後3年間にわたって繰り越すことができ、繰り越した年度に控除余裕額がある場合には、その範囲内で控除することができます。

**●控除対象外国税額が控除限度額に満たない場合**

一方、控除対象外国税額が控除限度額に満たない場合には、その満たない金額（控除余裕額）から、前年から繰り越してきた控除限度超過額がある場合には当該金額を控除し、それでもなお、控除余裕額がある場合には、翌年以後3年間にわたって繰り越すことができ、繰り越した年度に控除余裕額がある場合には、その繰り越した控除余裕額の範囲内で控除をすることができます。

**●タイミングのずれによる繰越控除制度の活用**

外国税額控除を適用できるのは対象となる外国法人税の納付が確定した日の属する事業年度となります。

例えばX5年3月期の外国支店の当該国での法人税がX5年6月に確定したとすると、X5年3月期の外国税額控除では控除できず、X6年3月期の外国税額控除で控除することになります。

この場合、X5年3月期の国外源泉所得に対して控除限度額の計算を行い、控除余裕額を繰り越すことによって、X6年3月期に国外源泉所得がなかった場合でも外国税額控除の適用を受けることができるようになります。

外国支店が課される外国税額は、期間がずれる事が多いので、繰越控除制度を検討することをお勧めします。

# 繰越控除制度

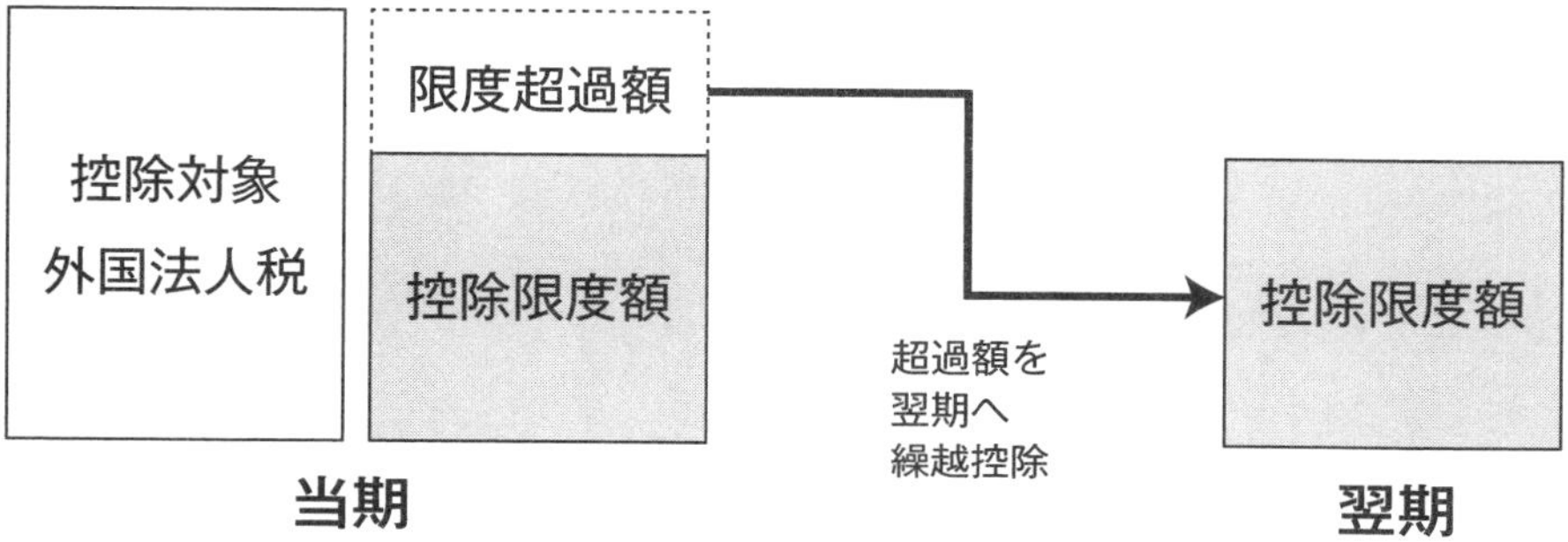
控除対象
外国法人税
限度超過額
控除限度額
超過額を
翌期へ
繰越控除
控除限度額
当期
翌期

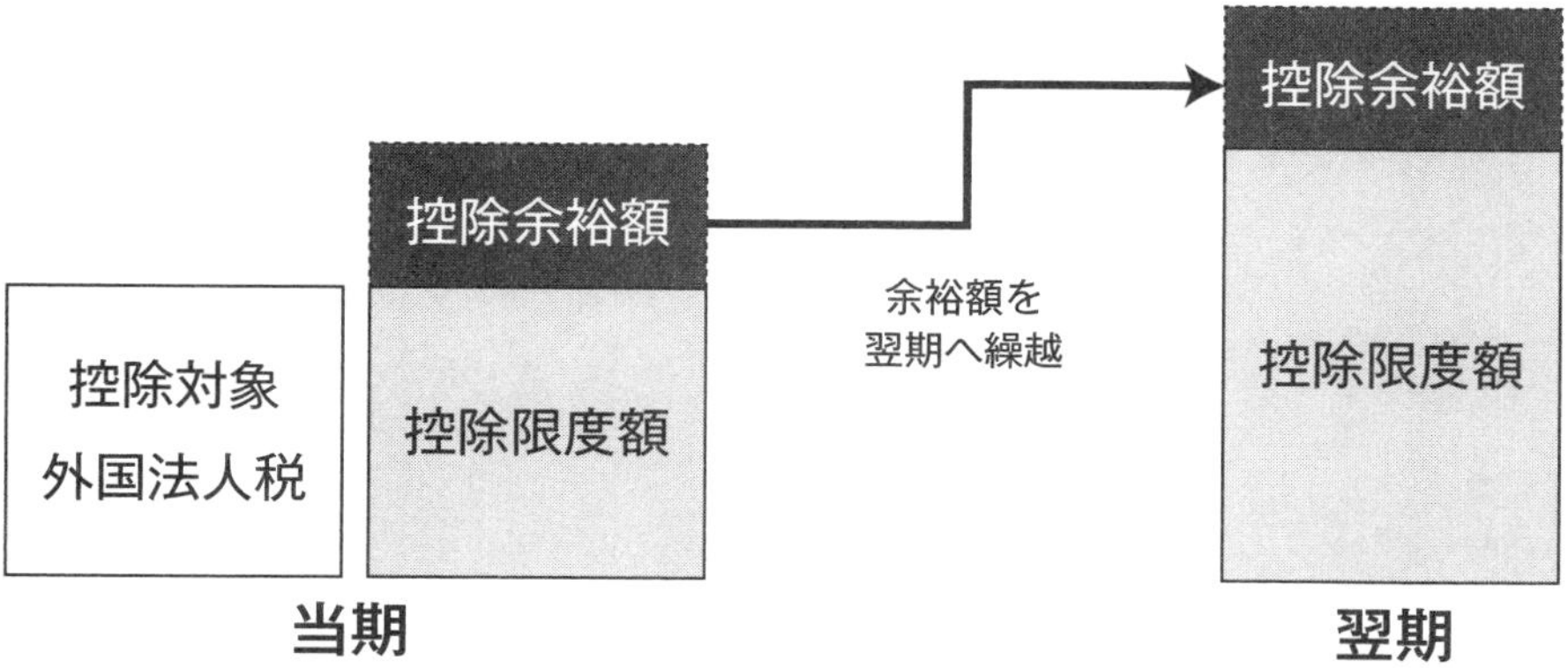
控除対象
外国法人税
控除余裕額
控除限度額
余裕額を
翌期へ繰越
控除余裕額
控除限度額
当期
翌期

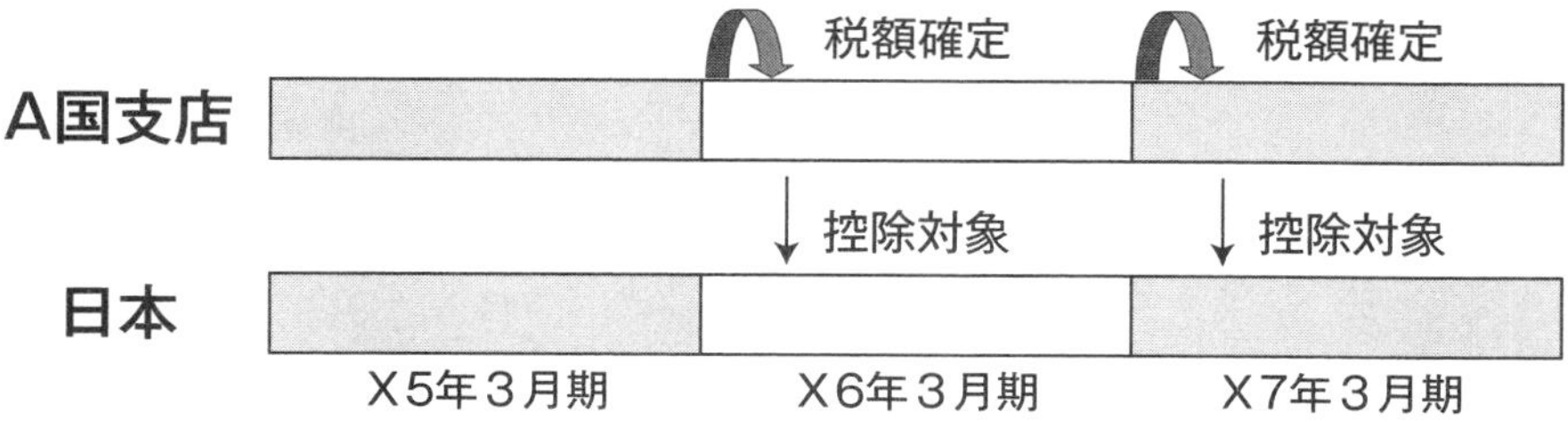
税額確定
税額確定
A国支店
控除対象
控除対象
日本
X5年３月期
X6年３月期
X7年３月期

# 46 住民税との関係

## 控除の順序にも要注意

### ●住民税からも控除できる

法人税で外国税額控除の適用を受けて、控除対象外国税額の全額を控除できなかった場合には、地方法人税や、都道府県や市町村の法人住民税からも控除が可能です。住民税の控除限度額は法人税の控除限度額×標準税率または都道府県もしくは市町村ごとの超過税率となっており、法人税の控除限度額から簡単に算出することが可能です。

2以上の都道府県または市町村に事務所等を有する場合には、法人税の控除限度額を住民税の分割基準により分割し、その金額に標準税率または超過税率を乗じることにより、その都道府県または市町村の控除限度額を計算します。

各都道府県または市町村で控除すべき控除対象外国法人税の額は、控除限度額の計算を標準税率で行っている場合には分割基準により分割しますが、超過税率を使用している場合には、分割基準である従業者数を補正して、補正後の従業者数を基準に分割します。

### ●控除の順序と繰越控除

控除対象外国税額と、法人税、地方法人税、道府県民税および市町村民税の控除限度額の合計は通常は一致しませんので、どの順番で控除するかを認識する必要があります。控除は法人税、地方法人税、道府県民税、市町村民税の順で行い、繰越控除等についても同様の順序となります。つまり、控除対象外国税額を、前述の順序に従い控除し、それでも控除できない金額がある場合に、翌期以後に繰り越すこととなります。

また、法人税の控除限度額のみで控除対象外国法人税の全額を控除できた場合でも、道府県民税および市町村民税の控除限度額は存在しますから、その金額を控除余裕額として翌期以後に繰り越すことも可能です（地方法人税には控除余裕額の繰越はありません）。

# 住民税から控除

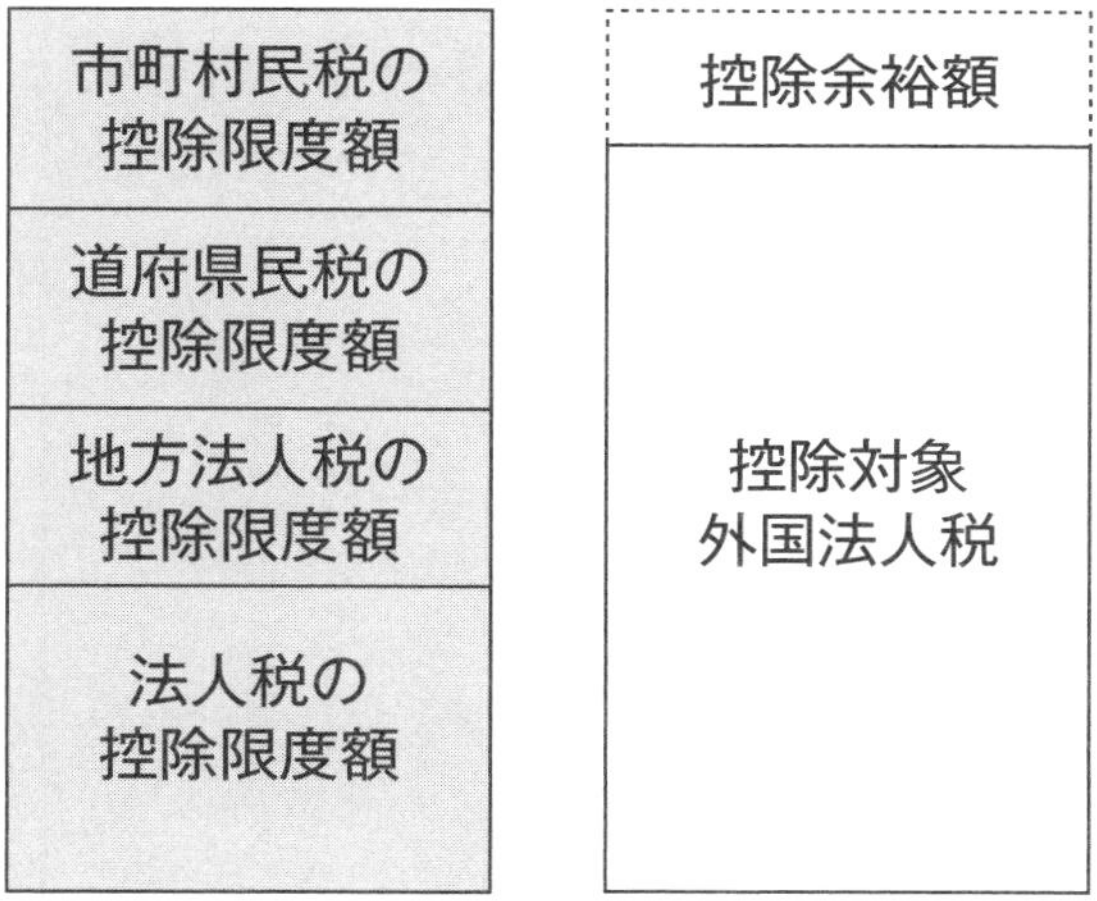


**例）法人税の控除限度額100で標準税率を使用する場合**

地方法人税の控除限度額：別途計算式により10.3

道府県民税の控除限度額：100×1％＝1

市町村民税の控除限度額：100×6％＝6

合計117.3

**例）控除対象外国法人税が115の場合**

法　人　税：115－100 ＝ 15 →法人税の控除限度超過額

地方法人税：15－10.3 ＝4.7

道府県民税：4.7－1 ＝ 3.7 →道府県民税の控除限度超過額

市町村民税：3.7－6 ＝ △2.3

→市町村民税の控除余裕額

# 47 文書化

## 適用を受ける法人は整備が義務づけられている

**●文書化とは**

平成26年度の税制改正により、外国税額控除に関する税務調査の際に提出を求められる資料が明確化されました。外国税額控除の適用を受ける法人は、左記のとおり「ＰＥ帰属外部取引に関する事項を記載した書類」と「内部取引に関する事項を記載した書類」を整備することが義務づけられました。

**（ＰＥ帰属外部取引に関する事項）**

① ＰＥ帰属外部取引の内容を記載した書類

② ＰＥおよび本店等のＰＥ帰属外部取引に係る資産および負債の明細を記載した書類

③ ＰＥおよび本店等がＰＥ帰属外部取引において果たす機能ならびにその機能に関連するリスクに係る事項を記載した書類

④ ＰＥおよび本店等がＰＥ帰属外部取引において果たした機能に関連する部門ならびにその部門の業務の内容を記載した書類

**（内部取引に関する事項）**

① ＰＥと本店等との間の内部取引に該当する資産の移転、役務の提供その他の事実を記載した注文書等、その他これらに準ずる書類もしくはこれらに相当する書類またはその写し

② ＰＥおよび本店等の内部取引に係る資産および負債の明細を記載した書類

③ ＰＥおよび本店等が内部取引において果たす機能ならびにその機能に関連するリスクに係る事項を記載した書類

④ ＰＥおよび本店等が内部取引において果たした機能に関連する部門ならびにその部門の業務の内容を記載した書類

⑤ その他内部取引に関連する事実が生じたことを証する書類

# 文書化

平成26年度
税制改正

外国税額控除調査の際に提出を求められる書類の明確化

PE帰属外部取引の内容が記載された書類

・取引の内容
・取引に係る資産，負債の明細
・取引の機能，リスクに関する明細
・取引に係る部門，部門の業務内容

PEと本店等の内部取引の内容が記載された書類

・取引に係る事実が確認できる書類等
・取引に係る資産，負債の明細
・取引の機能，リスクに関する明細
・取引に係る部門，部門の業務内容
・取引に係る事実を証する書類

## column コラム　外国税額控除の適用に当たってのポイント

外国税額控除は実務において判断に迷う場面がいくつもある国際税務の中でも難しい制度です。

まず，実際に外国税額控除を行う際に，大きな論点となるのが，外国で納めた税金が外国税額控除の対象となる「控除対象外国法人税」に該当するのか否かです。特に，税制優遇地域に進出している場合には適用可能かどうか微妙な判断が要求される税金がたくさんあります。

例えば，ある国で通常の法人税は所得に対して課されるのに，税制特区に設立された工場に対しては，収入に対して課され，しかも一定額以上は課されないというような日本では想定されていない税金があります。このような場合にこの税金が控除対象外国法人税の対象となるのかどうかは，最終的には現地の税法を読んで判断します。

次に大きな論点となるのが，外国税額控除を適用したほうが納税者にとって有利になるのかどうかという点です。内国法人において十分な課税所得があり，国外所得も十分にある状態では，外国税額控除を適用して法人税の納税額を減らすことが有利になることは自明ですが，実際の申告の現場では外国税額の全額を控除できる場面というのは多くありません。

そうした場面で外国税額控除を適用したほうが有利なのか，外国税額を損金算入したほうが有利なのかというのは判断に迷います。もちろん，その事業年度のことだけを考えればどちらが有利かというのは結論が出やすいですが，控除限度額の３年間の繰越しまで考えると判断に迷う場面が多々あります。

また，外国税額控除制度の中で忘れやすいのが，控除余裕額の繰越しです。外国税額控除は外国税額の納付が確定した事業年度において適用されますから，当事業年度において国外所得は発生しているが納付は翌事業年度という場面はけっこうあります。こういった場合に，控除余裕額の繰越しをしておかないと翌事業年度において実際に外国税額を納税した際に控除できないという事態が生じることがあります。

# 第8章

# タックスヘイブン対策税制ってなに？

# 48 基本的な考え方

## 租税回避行為を規制することを目的とした制度

**●タックスヘイブンとは**

タックスヘイブンは日本語で租税回避地と呼ばれ、一般的には税率が著しく低いかゼロである国や地域を指します。タックスヘイブンは資源がなく産業の発展が難しい島国等が物流企業や金融企業を集めるために、意図的に税負担を少なくする政策を取っており、ケイマン諸島のように古くから栄えている地域もあります。

しかしながら、経済がグローバル化してくると、税負担の少ないタックスヘイブンにペーパーカンパニーを作り、そこに企業の利益を集め、税率の高い国の利益を減らして、企業グループ全体の税負担を恣意的に減らすような行為が目立ち始めました。

**●タックスヘイブン対策税制とは**

タックスヘイブン対策税制というのは俗称であり、日本では外国子会社合算税制と呼ばれています。前述のようにタックスヘイブンに企業グループの利益を集め、グループ全体の税負担を恣意的に減らすと、企業が実質的に活動している国の税収が減り弊害が起こります。

そこで、各国がそれを規制する税制を続々と打ち出し、日本でも本税制が制定されました。

日本の外国子会社合算税制はタックスヘイブンにある子会社や孫会社等に留保された利益を、日本の親会社に配当されたものとみなして日本で課税することを基本的な考え方としています。

なお、本税制は、タックスヘイブンを利用した租税回避行為を規制することを目的としているため、タックスヘイブンにある子会社等の所得を何でもかんでも合算するわけではなく、一定の条件を満たした場合には適用されない場合もあります。

また、近年の税制改正で頻繁に改正が行われ、合算課税の対象となる法人や所得の範囲にもさまざまな変更が行われています。

## タックスヘイブン対策税制の成り立ち

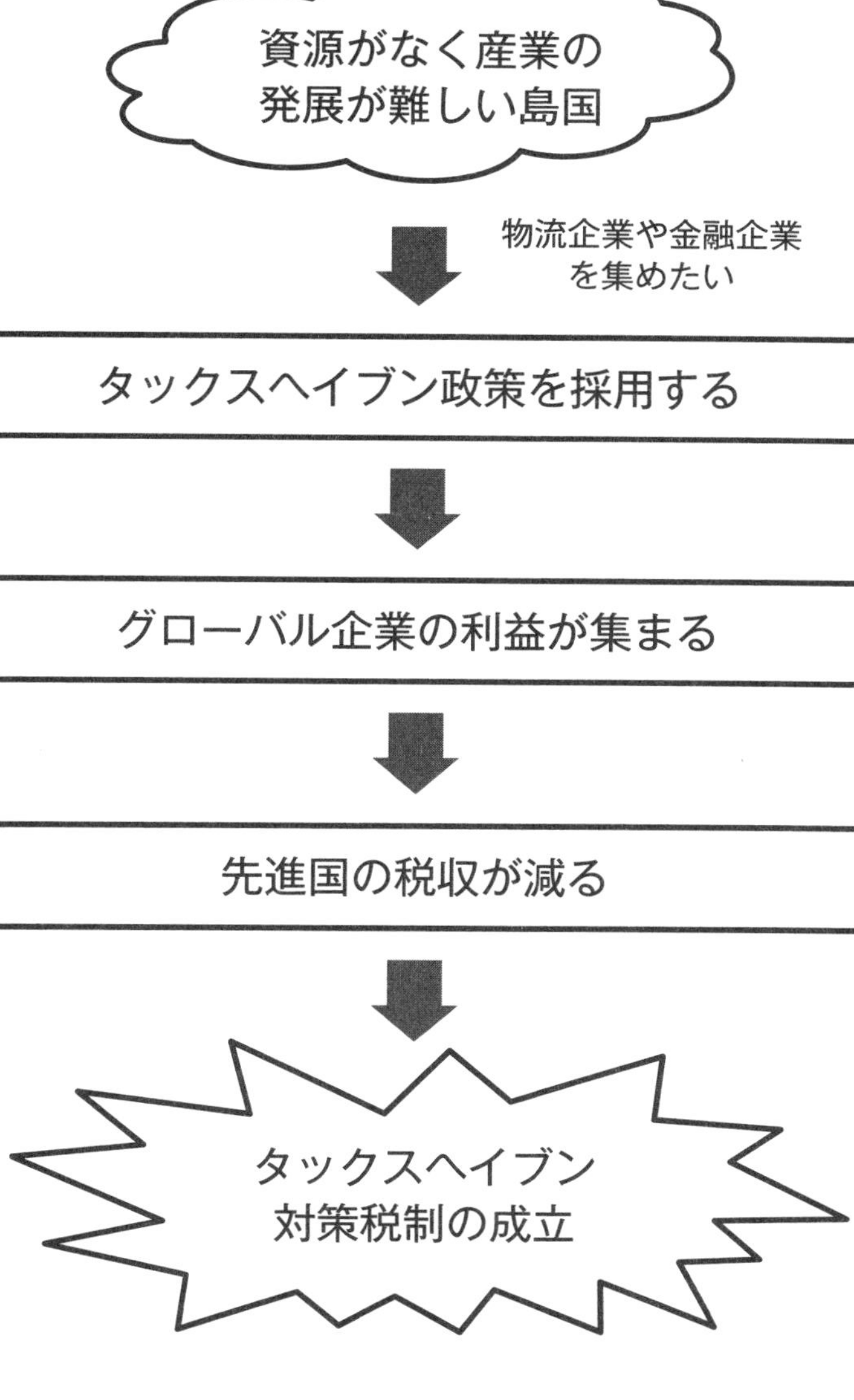
資源がなく産業の
発展が難しい島国
物流企業や金融企業
を集めたい
タックスヘイブン政策を採用する
グローバル企業の利益が集まる
先進国の税収が減る
タックスヘイブン
対策税制の成立

# 49 対象となる子会社（特定外国関係会社）

## 該当すると原則として会社単位の合算課税

**●居住者または内国法人による支配が50％超**

外国子会社合算税制の対象となる外国法人の判定にあたって1つ目の基準が、「外国関係会社」に該当するかどうかです。外国関係会社には、居住者または内国法人が直接および間接保有する株式等の合計数または合計額が50％超である外国法人や、50％以下であっても、居住者または内国法人に実質的に支配されている外国法人等が該当します。

なお、この判定の際は、居住者の親族である非居住者等の一定の非居住者の保有分も居住者および内国法人の持分として計算する必要があります。

**●特定外国関係会社**

外国関係会社のうち、ペーパー・カンパニー、事実上のキャッシュ・ボックス、ブラックリスト国に所在する会社を「特定外国関係会社」とし、その他の法人と区分して本税制を適用することとしています。

・**ペーパー・カンパニー**：事務所、店舗、工場等の固定設備を有せず、事業の管理、支配、運営を本店所在地国で行っていない外国関係会社

・**事実上のキャッシュ・ボックス**：総資産の額に対する一定の受動的所得の割合が30％を超える外国関係会社。ただし、総資産の額に対する一定の資産の額の割合が50％超であるものに限る。

・**ブラックリスト国所在外国関係会社**：情報交換に関する国際的な取組みへの協力が著しく不十分な国・地域等（財務大臣による指定）に本店を有する外国関係会社

**●特定外国関係会社に該当する場合**

特定外国関係会社に該当する場合には、会社単位の合算課税の対象とされています。ただし、租税負担割合が27％以上（令和6年3月以前は30％）であるときには適用除外とされています。

## 対象となる子会社（特定外国関係会社）

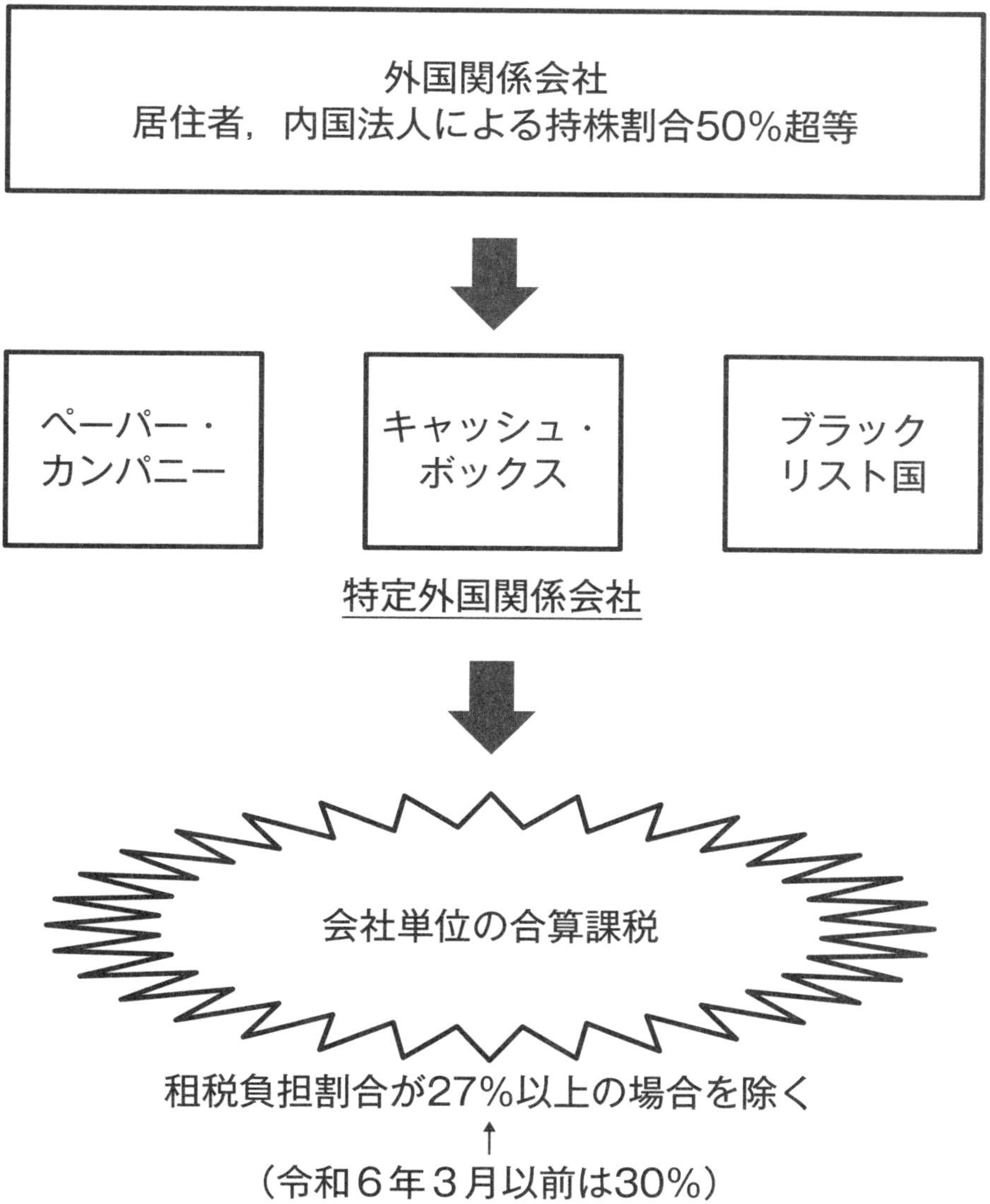

# 50 対象となる子会社（経済活動基準）

## 4要件を満たす場合は受動的所得のみ合算課税

**●経済活動基準による判定**

特定外国関係会社に該当しない外国関係会社については、経済活動基準を満たすか否かにより、会社単位の合算課税の対象となるか、受動的所得の合算課税の対象となるかが判定されます。

経済活動基準には次の4要件（所在地国基準と非関連者基準は業種によってどちらか片方が適用される）があり、これらを1つでも満たさない場合には会社単位の合算課税、すべてを満たす場合には受動的所得の合算課税の対象となります。

**●4つの経済活動基準**

**1　事業基準**

主たる事業が、株式の保有、無形資産の提供、船舶・航空機リース等でないこと（統括会社等は除く）。

**2　実体基準**

本店所在地国において、主たる事業に必要な事務所等を有すること。

**3　管理支配基準**

本店所在地国において、事業の管理、支配および運営を自ら行っているものであること。

**4　所在地国基準または非関連者基準**

・所在地国基準（左記以外の業種）
主として本店所在地国で事業を行っていること。

・非関連者基準（卸売業など8業種）
主として関連者以外の者と取引を行っていること。

**●租税負担割合が20%以上の場合**

外国関係会社が経済活動基準を1つでも満たさない場合には会社単位の合算課税、すべてを満たす場合には受動的所得の合算課税の対象となりますが、租税負担割合が20%以上であるときには適用除外とされています。なお、租税負担割合の判定は表面税率ではなく、実際に適用された税額によります。

## 対象となる子会社（経済活動基準）

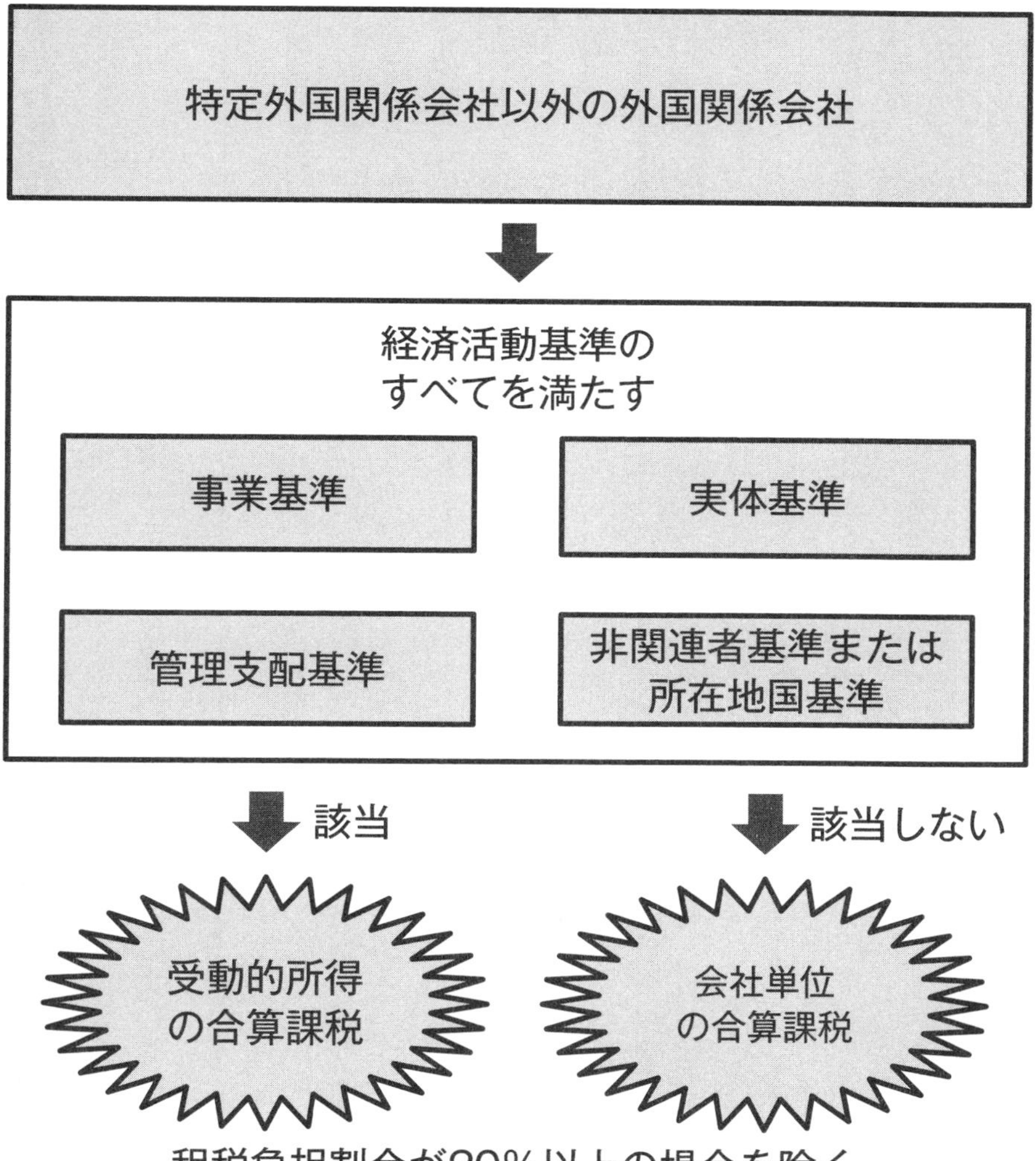


租税負担割合が20%以上の場合を除く

# 51 会社単位の合算課税と受動的所得の合算課税

## 以前と比べて受動的所得の範囲は大幅に拡大している

### ●会社単位の合算課税と受動的所得の合算課税

BEPSプロジェクトにおいて示された「外国子会社の経済実態に即して課税すべき」との基本的な考え方に基づき、平成29年度税制改正において、外国子会社合算税制の大幅な改正が行われ、会社単位の合算課税と受動的所得の合算課税の2つの枠組みが固められました。

会社単位の合算課税は、特定外国関係会社または経済活動基準を満たさない外国関係会社について、その外国関係会社の所得を株主である内国法人等の所得とみなして、内国法人等の所得と合算して課税される制度です（詳細は52参照）。

受動的所得の合算課税は、外国関係会社が経済活動基準を満たす場合であっても、租税負担割合が20％未満である場合、実質的活動のない所得（受動的所得）については、株主である内国法人等の所得とみなして合算課税される制度です。

### ●受動的所得とは

受動的所得とは、必ずしもその国で行わなくても良い受け身の所得のことであり、具体的な内容は以下のとおりです。

- 剰余金の配当等（持株比率25％未満の場合）
- 受取利子等（通常業務に関するもの等を除く）
- 有価証券の貸付対価
- 有価証券の譲渡対価（持株比率25％未満の場合）
- デリバティブ取引に係る損益
- 外国為替差損益
- 金融資産から生ずるその他の損益
- 保険所得
- 有形固定資産の貸付対価
- 無形資産等の使用料
- 無形資産等の譲渡対価
- その他の異常所得

# 受動的所得の合算課税

| 受動的所得の内容 |
|---|
| 1. 剰余金の配当等（持株比率25%未満の場合） |
| 2. 受取利子等（通常業務に関するもの等を除く） |
| 3. 有価証券の貸付対価 |
| 4. 有価証券の譲渡対価（持株比率25%未満の場合） |
| 5. デリバティブ取引に係る損益 |
| 6. 外国為替差損益 |
| 7. 金融資産から生ずるその他の損益 |
| 8. 保険所得 |
| 9. 固定資産の貸付対価 |
| 10. 無形資産等の使用料 |
| 11. 無形資産等の譲渡対価 |
| 12. その他の異常所得 |

経済活動基準を満たしていても
合算課税

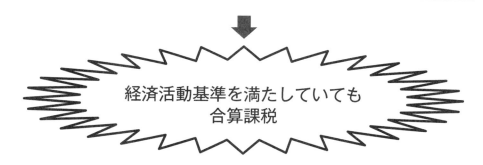

# 52 具体的な計算方法（会社単位の合算課税）

## 基準所得金額→適用対象金額→課税対象金額

**●会社単位の合算課税の対象**

　前述のとおり、特定外国関係会社または経済活動基準を満たさない外国関係会社については、会社単位の合算課税の対象となり、その株主である内国法人等の所得とみなして合算して課税されます。

**●基準所得金額**

　タックスヘイブン対策税制の課税対象金額の計算の1段階目として、対象となる外国関係会社の基準所得金額を計算します。

　基準所得金額は対象となる外国関係会社の各事業年度の所得について、原則として日本の法人税法や租税特別措置法の規定を適用して計算した金額に法人税や特定の受取配当等の金額を調整した金額となり、日本における課税所得金額と類似した金額となります。

　この基準所得金額の算定に当たっては、原則として日本の法令に基づいて計算する方法が、特例として対象となる外国関係会社の本店所在地国の法令に基づいて計算する方法が認められています。

　日本の法令に基づいて基準所得金額を計算する場合には、受取配当等の益金不算入や、寄附金の損金不算入、交際費等の損金不算入、中小企業者の貸倒引当金の損金算入等、内国法人の課税所得金額を計算する場合と同様の調整を行う必要があります。

　この場合、減価償却方法や棚卸資産の評価方法等については、届出書を提出する必要はありませんが特段の事情がない限り継続適用をする必要があります。

**●適用対象金額と課税対象金額**

　適用対象金額とは基準所得金額に過去の一定の欠損金額や現地国での当該年度の納税額を調整した金額であり、そのうち直接および間接に所有する対象となる外国関係会社の株式等に対応する金額、すなわち保有割合に対応する金額が課税対象金額となります。

## 具体的な計算方法（会社単位の合算課税）

**基準所得金額**

・日本法令または現地法令による計算
・日本法令の場合，所得計算において各種調整が必要
・上記により計算された所得金額に法人税および特定の受取配当等の調整が必要

↓

**適用対象金額**

・欠損金および納付税額等の調整

↓

**課税対象金額**

・外国関係会社株式の持分割合

# 53 地域統括会社の活用

## 事業持株会社と物流統括会社

**●地域統括会社とは**

日本法人が海外進出をし、諸外国に現地法人を設立していく場合、進出国が増えていけばいくほど、日本法人でのコントロールが難しくなります。そこで、企業グループとしては各地域の中心となる国にその地域全体をコントロールする会社、すなわち地域統括会社を設立し、地域単位で複数の現地法人をコントロールしていくケースが増えています。

**●事業持株会社**

外国子会社合算税制の事業基準の判定において、事業持株会社に該当する場合には主たる事業が株式の保有ではなく、子会社の統括業務であると考え、適用除外要件を満たすものとしています。

具体的には、外国関係会社が、

① 一の内国法人によってその発行済株式等の全部が直接または間接に保有されている
② 2以上の被統括会社に対して統括業務を行っている
③ 本店所在地国に統括業務に係る事務所等および統括業務に従事する者を有している
④ 事業年度終了時に有する被統括会社の株式等の帳簿価額の合計額が貸借対照表に計上されている株式等の帳簿価額の50％に相当する金額を超えている

右の①から④の場合には「統括会社」となり当該統括会社については事業持株会社として事業基準の適用除外要件を満たすものとしています。

**●物流統括会社**

統括会社と被統括会社の関係において、すべての物流を統括会社経由とすることにより物流業務を統括する場合があります。外国子会社合算税制の非関連者基準の判定においては、外国関係会社が統括会社に該当する場合には、被統括会社との間の取引は、関連者取引に該当しないものとして取り扱われます。

## 統括会社

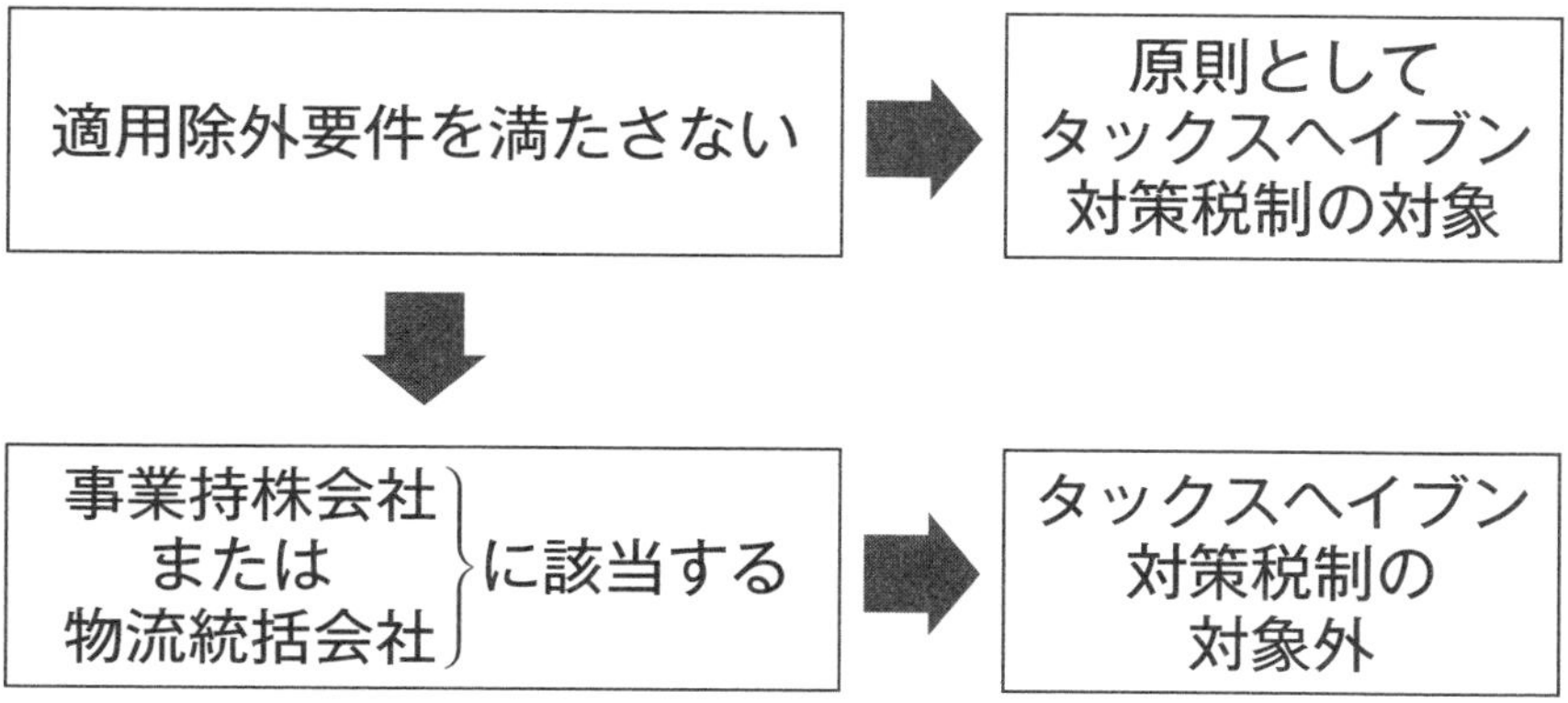


## 事業持株会社

1．一の内国法人によって発行済株式等の全部を保有
2．二以上の被統括会社に対して統括業務を行う
3．本店所在地国に統括業務に係る事務所等を有している
4．被統括会社のB/S簿価が株式全体の50％超である

## 物流統括会社

卸売業を主たる事業とする外国関係会社が，法令上の「統括会社」に該当する場合，被統括会社との取引を除外して非関連者基準の判定をする

column コラム

## タックスヘイブンの歴史

タックスヘイブンとは課税がないか，もしくは著しく軽減されている国または地域を言い，日本語では租税回避地と表現します（決して「税金天国」ではありません）。また，「オフショア金融センター」もしくは単に「オフショア」と呼ばれることもあります。

タックスヘイブンの歴史を見てみると，古くは19世紀の大英帝国の時代に遡ります。タックスヘイブンの起源は，イギリスが覇権を握っていた時代に，植民地として支配していた産業や資源がない小さな島国が国際物流の拠点となることを目的として作った制度と言われています。国際物流の拠点となれば多くの船員が訪れ，結果として経済が活性化するため，税金を低くして関係企業を誘致する政策が行われました。その後，経済のグローバル化が進んだ1970年代から急速に発展しました。

シンガポールや香港等，現在でも国際物流の拠点として反映しているタックスヘイブンもありますが，国際金融が発展してくると多くのタックスヘイブンは国際金融に力を入れ始めました。お金を集めることによって経済を発展させようという狙いです。タックスヘイブンは世界中からお金を集めるために，金融に関する規制を最小限にしたり，秘匿性を高めたりとさまざまな政策によって発展してきました。その結果，現在では，脱税やマネーロンダリングの温床とされてしまうことも多く，こういったタックスヘイブンの負の側面は世界的に問題とされています。

近年ではＯＥＣＤ加盟国を中心に，タックスヘイブンを有害な国または地域として指定したり，タックスヘイブンに対して情報の開示を求めるようになったりしています。日本もケイマン諸島やバミューダ，マン島等のタックスヘイブンとは情報交換規定を締結し情報開示をするようになりましたので，タックスヘイブンのイメージもこれから変わっていくかもしれません。

# 第9章

# 移転価格税制ってなに？

# 54 基本的な考え方

## 自国における税収確保を目的とした制度

### ●制度の背景

経済が国際化し、企業の海外進出が進むとグループ会社間での取引が増えます。グループ会社間の取引では、その価格はグループ内で決定することができますので、必ずしも第三者間取引で採用される価格とは一致しません。

例えば、設立してすぐの法人は、売上が少額なのでそういった法人に対してはなるべく費用負担を少なくしてあげようとするかもしれませんし、税金の面でいえば、なるべく低税率の国の利益を増やして、高税率の国の利益を減らして、グループ全体の税負担を減らしたいと考えるのも当然です。

しかしながら、これらの価格の決定がグループ内の意思決定にすべて任されて、第三者間の取引と異なることが認められてしまうと、利益操作が行われ各国は想定される税収を得ることができなくなってしまいます。そこで、そのグループ内取引の価格決定を制限しようとして設けられたのが移転価格税制です。

### ●制度の概要

法人が子会社等の国外関連者と取引を行う場合に、その国外関連者から受け取る価格が独立企業間価格に満たない場合もしくはその国外関連者に対して支払う価格が独立企業間価格を超える場合には、その取引は独立企業間価格で行われたものとみなされて、法人税が課税されます。

また、この制度が適用されるのは販売取引だけでなく資産の賃貸借取引や役務提供取引、無形固定資産に関する取引にも適用されます。

なお、この制度は自国においての税収確保を目的とするものなので、独立企業間価格で取引をしたとみなした場合に自国の利益が低くなる取引に対しては適用されません。

# 移転価格税制の考え方

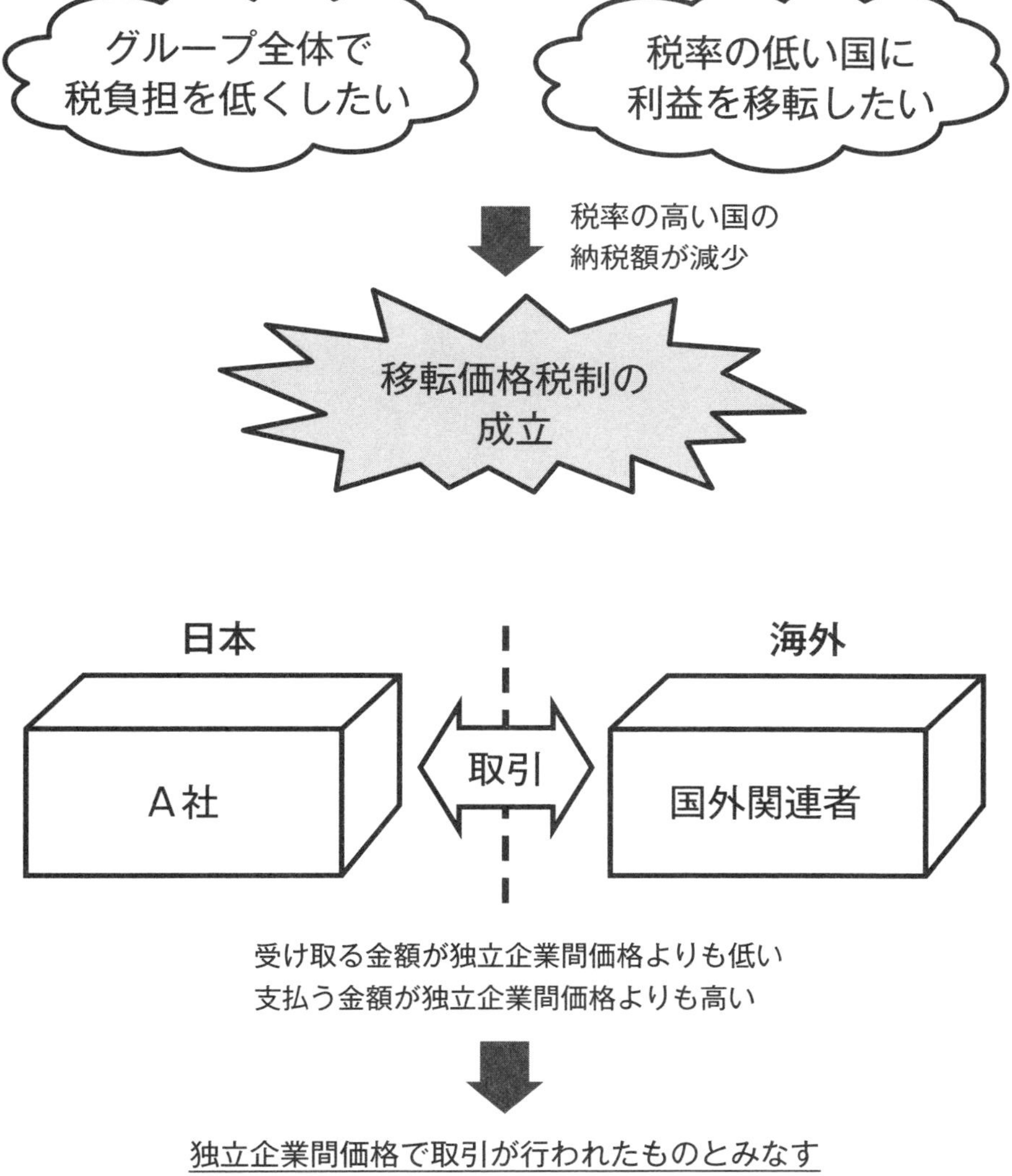

グループ全体で
税負担を低くしたい
税率の低い国に
利益を移転したい
税率の高い国の
納税額が減少
移転価格税制の
成立
日本
海外
A社
取引
国外関連者
受け取る金額が独立企業間価格よりも低い
支払う金額が独立企業間価格よりも高い
独立企業間価格で取引が行われたものとみなす

# 55 対象となる国外関連者

## 実質的支配関係がポイントに

**●移転価格税制の対象者**

移転価格税制の対象となる取引は、外国法人のうち「国外関連者」と呼ばれる特殊な関係のある法人との間の取引です。ある外国法人が国外関連者に該当するかどうかは、株式数等により判定する形式的な基準（持株関係）と役員関係等により判定する実質的な基準（実質的支配関係）により定められています。

**●持株関係**

外国法人との間にいわゆる「親子関係」として、いずれか一方が他方の法人の発行済株式等の50％以上を直接または間接に保有する関係や、いわゆる「兄弟関係」として、2の法人が同一の者によって発行済株式等の50％以上を直接または間接に保有される関係をいいます。なお、親子関係の場合に、日本法人が親子のどちらに該当するかは関係ありません。また、兄弟関係の場合に、「同一の者」が個人の場合には、同族会社の判定等と同様に、その個人と特殊の関係のある個人も同一の者に含めて判定します。

**●実質的支配関係**

ある外国法人との間に持株関係がなかったとしても、役員の2分の1以上または代表者が他方の法人の役員もしくは使用人を兼務している、または、していた場合、事業活動の相当部分を他方の法人との取引に依存している場合、事業活動に必要な資金の相当部分を他方の法人から借入れにより、または他方の法人の保証を受けて調達している場合等、実質的に支配関係がある場合には国外関連者に該当します。

移転価格税制は、価格操作により所得を一方の国に寄せる行為を禁止する制度ですので、持株関係による支配関係に限らず、こういった関係により実質的に支配関係があり価格をコントロールできる状態であれば適用されることとなります。

# 対象となる国外関連者

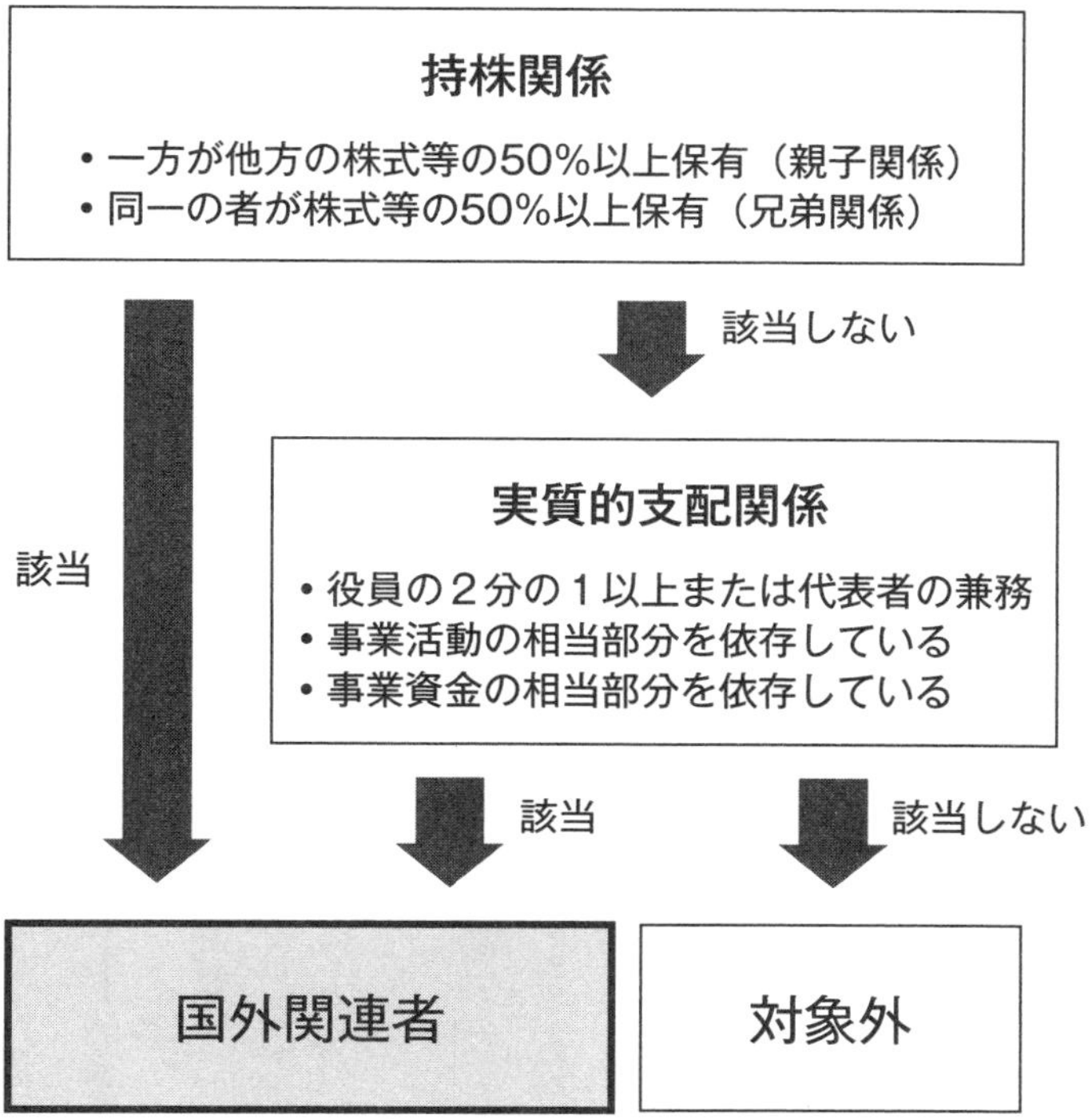
持株関係
・一方が他方の株式等の50%以上保有（親子関係）
・同一の者が株式等の50%以上保有（兄弟関係）
該当しない
該当
実質的支配関係
・役員の２分の１以上または代表者の兼務
・事業活動の相当部分を依存している
・事業資金の相当部分を依存している
該当
該当しない
国外関連者
対象外

内国法人が支配している場合も，されている場合も該当する

# 56 独立企業間価格の算定方法

## 6種類の方法から「最も適切な」方法を採用する

**●6種類の算定方法**

日本の移転価格税制では独立企業間価格を算定するための方法として、独立価格比準法、再販売価格基準法、原価基準法（以上を「基本三法」といいます）、利益分割法、取引単位営業利益法、ディスカウント・キャッシュ・フロー法（DCF法）の6つが規定されています。これらの算定方法はそれぞれメリット・デメリットがありますが、この6種類の中から最も適切な方法を採用することとされています。

**●独立価格比準法**

関連者間取引で用いられる価格が、非関連者間の類似の取引と同等の価格かどうかで判断する方法です。

**●再販売価格基準法**

国外関連者から仕入れた商品を第三者に販売(再販売)する場合に適切な粗利益を取っているかどうかで判断する方法です。

**●原価基準法**

国外関連者に商品の販売やサービス提供をする際に売上原価に適正な粗利益を加えているかどうかで判断する方法です。

**●利益分割法**

複数の関連者間取引から生じた利益を合算し、それを各関連者間取引に振り分ける方法で、分割方法によって3種類があります。

**●取引単位営業利益法**

関連者間取引から得られる営業利益の水準を比較して独立企業間価格を求める方法で、現在最も多く採用されている方法です。

**●DCF法**

国外関連取引から生ずると予想される将来利益を合理的な割引率で現在価値に割り引くことによって独立企業間価格を算定する方法です。

# 独立企業間価格の算定方法

・独立価格比準法

・再販売価格基準法

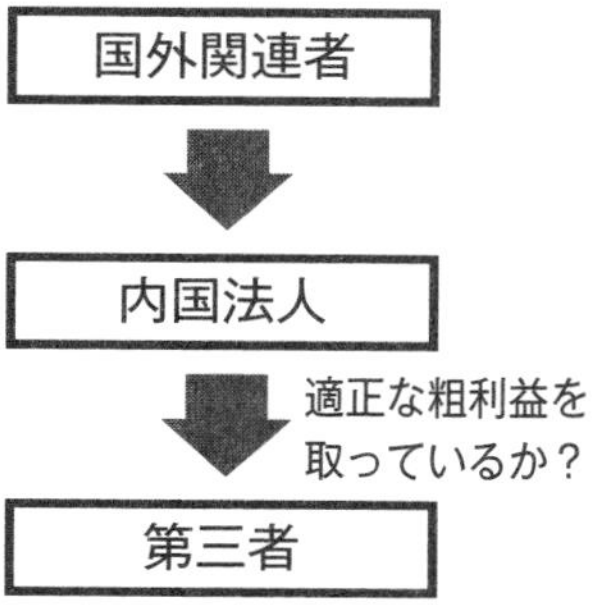


・原価基準法

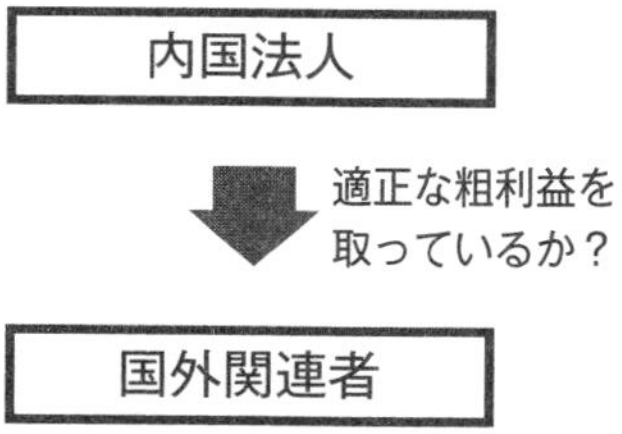


・利益分割法

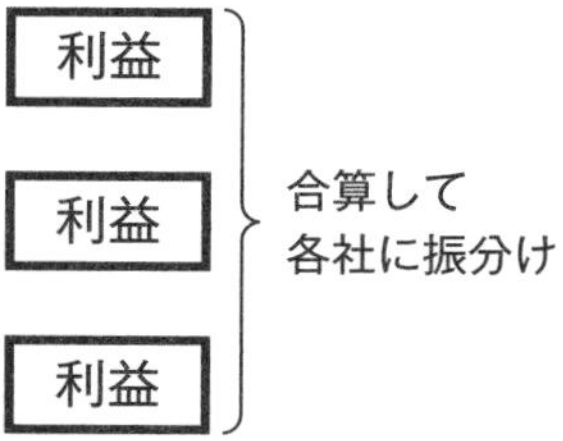


・取引単位営業利益法

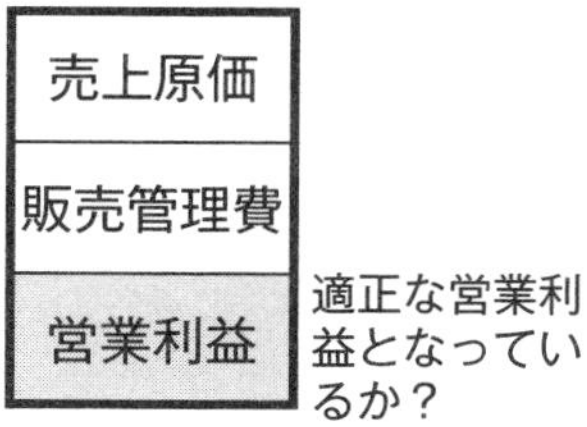


・DCF法

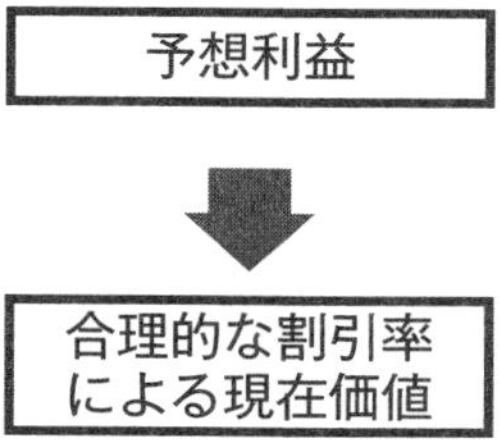

# 57 多国籍企業グループ会社が作成する文書

## 3種類の書類を作成しなければならない

**●多国籍企業グループの文書化制度**

直前会計年度の連結総収入金額1，000億円以上の多国籍企業グループ（特定多国籍企業グループ）の構成会社等である内国法人および恒久的施設を有する外国法人（以下「多国籍企業グループ会社」）は、以下の3種類の書類を国税当局に提供しなければならないこととされました。

**●最終親会社等届出事項**

多国籍企業グループ会社は最終親会社等および代理親会社等に関する情報を記載した最終親会社等届出書を報告対象となる会計年度の終了の日までに提出する必要があります。

**●国別報告事項（CbCレポート）**

最終親会社または代理親会社等が日本に所在する場合には、多国籍企業グループ会社は、国別報告事項を、報告対象となる会計年度の終了の日の翌日から1年以内に提出する必要があります。

最終親会社または代理親会社等が外国に所在する場合には、当該最終親会社等が居住地国の税務当局に提出した国別報告事項に相当する情報が当該外国の税務当局から日本の国税当局に提供されるため、多国籍企業グループ会社に国別報告事項の提供義務が生じません。

ただし、居住地国の税務当局が日本の国税当局に情報提供をすることができないと認められる場合（相手国において、国別報告事項に相当する事項の提供を求めるために必要な措置が講じられていない場合等）には多国籍企業グループ会社が、日本の国税当局に提出しなければなりません。

**●事業概況報告事項（マスターファイル）**

多国籍企業グループ会社は、事業概況報告事項を、報告対象となる会計年度の終了の日の翌日から1年以内に提出する必要があります。

## 多国籍企業グループが作成する文書

直前会計年度の連結総収入金額1,000億円以上の
多国籍企業グループ

| | |
|---|---|
| 最終親会社等届出事項 | 最終親会社等に関する情報 |
| 国別報告事項（CbCレポート） | 国別の活動状況に関する情報 |
| 事業概況報告事項（マスターファイル） | グループの活動の全体像に関する情報 |

# 58 国外関連取引を行った法人が作成する文書

## 同時文書化義務のある法人が準備する書類は2種類

**●同時文書化義務**

　国外関連取引を行った法人は、当該国外関連取引に係る独立企業間価格を算定するために必要と認められる書類（以下「ローカルファイル」）を確定申告書の提出期限までに作成または取得し、保存しなければならないこととされました。これを同時文書化義務といいます。

**●ローカルファイルの概要**

　同時文書化義務のある法人が準備すべき書類としては「国外関連取引の内容を記載した書類」と「法人が国外関連取引に係る独立企業間価格を算定するための書類」の2種類があります。

　「国外関連取引の内容を記載した書類」には国外関連取引に係る資産の明細および役務の提供の内容を記載した書類、国外関連取引において国外関連者が果たす機能ならびに負担するリスクに係る事項を記載した書類、国外関連取引に関する契約書または契約の内容を記載した書類、国外関連取引の対価の設定方法および設定に係る交渉の内容を記載した書類等が規定されています。

　「法人が国外関連取引に係る独立企業間価格を算定するための書類」には選定した独立企業間価格の算定方法、その選定に係る重要な前提条件およびその選定理由を記載した書類、採用した国外関連取引に係る比較対象取引の選定に係る事項および当該比較対象取引等の明細を記載した書類等が規定されています。

**●同時文書化義務が免除される場合**

　次の2つの要件を満たす場合には、その国外関連者との国外関連取引については、当該事業年度の同時文書化義務が免除されます。

- 前事業年度の取引金額が50億円未満の場合
- 前事業年度の無形資産取引金額が3億円未満の場合

　ただし、この場合でも、税務調査の際には同様の書類の提示が求められる場合があります。

## 国外関連取引を行った法人が作成する文書

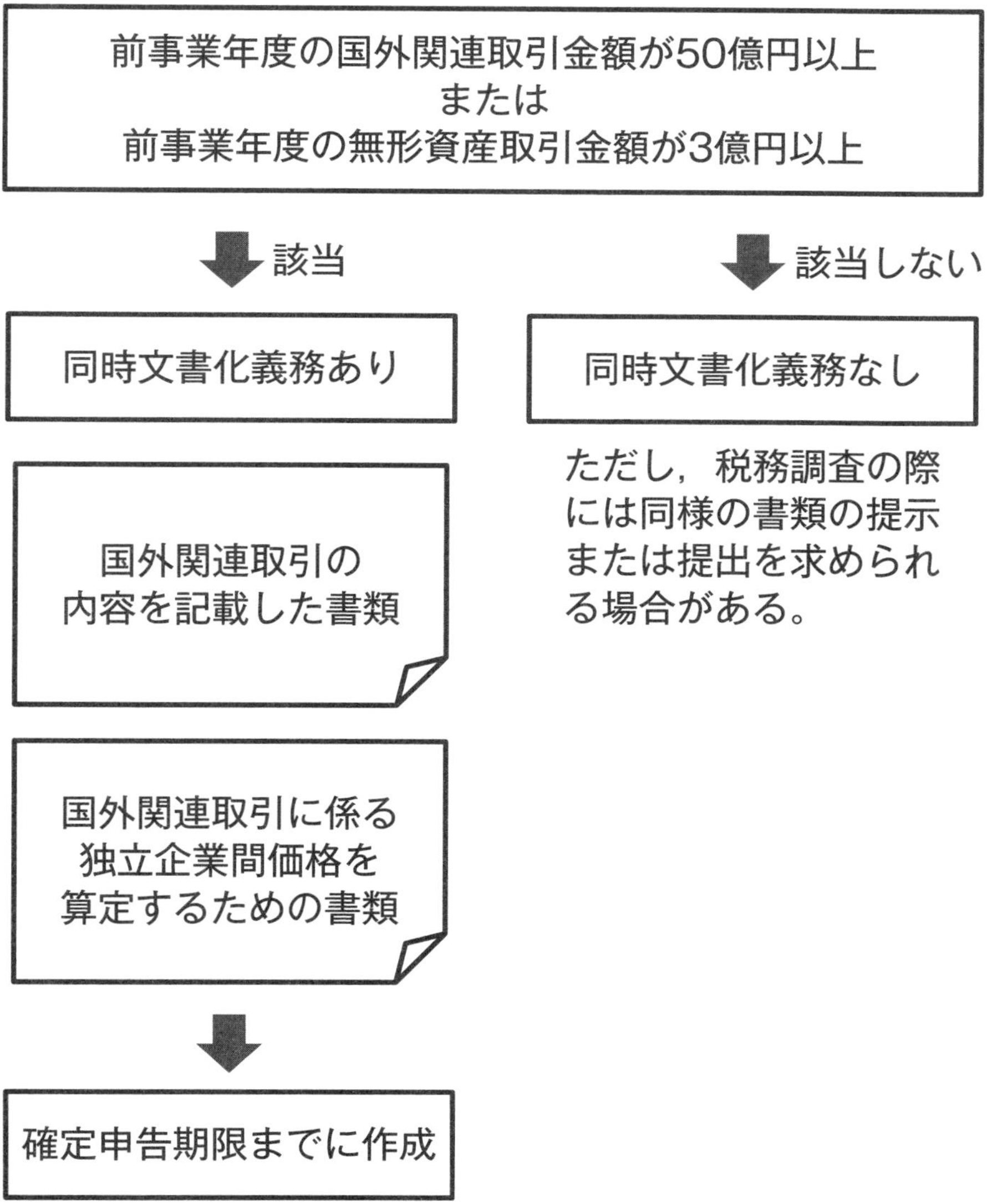
前事業年度の国外関連取引金額が50億円以上
または
前事業年度の無形資産取引金額が3億円以上
該当
同時文書化義務あり
国外関連取引の
内容を記載した書類
国外関連取引に係る
独立企業間価格を
算定するための書類
確定申告期限までに作成
該当しない
同時文書化義務なし
ただし，税務調査の際
には同様の書類の提示
または提出を求められ
る場合がある。

# 59 事前確認制度

## 中小企業ではユニラテラルのケースが多い

**●増える移転価格調査**

近年、移転価格に関する税務調査が飛躍的に増えており、「〇〇億円申告漏れ」という新聞記事を見かける機会も増えています。調査件数は1年単位で見ると多い年と少ない年がありますが、10年前に比べると確実に増えています。また、従来は少なくとも億単位になる大企業の移転価格調査が多かったのですが、最近では数千万円規模の中小企業にも移転価格調査が行われるようになってきています。

**●事前確認制度の整備**

移転価格税制においては、過去の税制改正を通じて、文書化を含め不明瞭だった制度を明確化することにより関連者間取引を行う納税者の予見可能性を確保し、事務負担に配慮しつつ税務執行の透明化・円滑化を図るという税務当局の姿勢がありますが、事前確認制度もそういった考え方のもと以前から規定されている制度の1つです。

事前確認制度はその名のとおり、納税者が独立企業間価格の算定方法等の確認を税務当局に申し出て、税務当局がそれを合理的であると確認した場合には、納税者がその確認された内容によって申告している限りは税務当局に否認されないという制度です。

この事前確認制度には、日本の税務当局だけに確認を行うユニラテラルの事前確認と租税条約を利用して相手国の税務当局にも確認を行うバイラテラルの事前確認があります。

バイラテラルの事前確認が取れれば移転価格に関する課税リスクはゼロといえますが、平均的な処理期間が2年以上と長いこと、必ずしも事前確認が取れるとはいえないこと等から中小企業には利用しにくいものとなっており、中小企業が事前確認制度を利用する場合にはユニラテラルのケースのほうが多いようです。

# 事前確認

移転価格税制による申告漏れ所得金額（単位：億円）

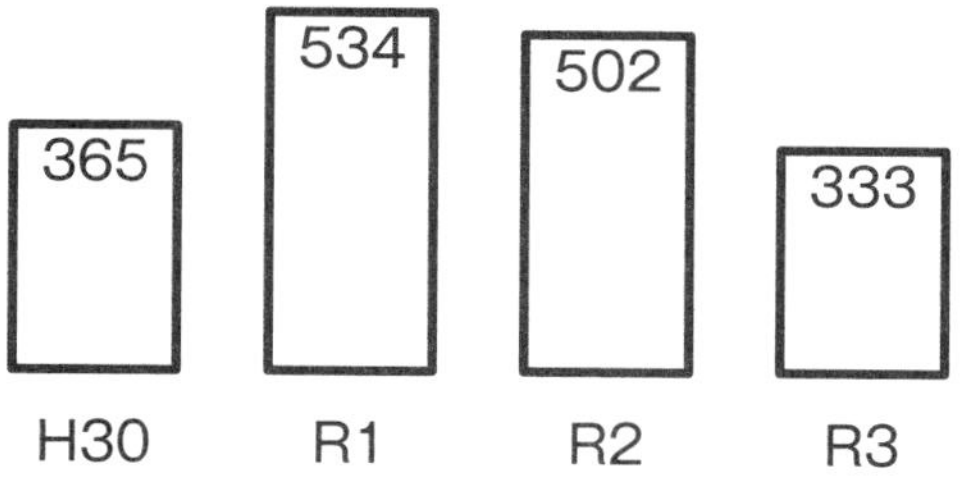


税制改正とともに移転価格調査に関する調査を強化
近年は１件あたりの金額が小さい法人への調査も増加している

調査による課税を避けるため事前確認制度によるリスク回避

バイラテラル

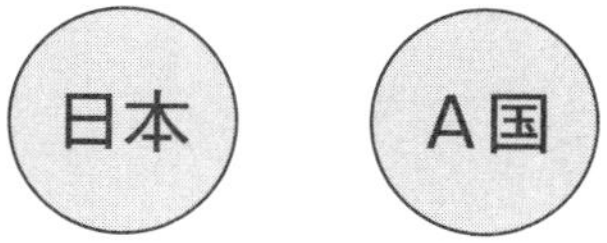


租税条約により相手国へも確認。リスクは排除できるが時間がかかる。

ユニラテラル

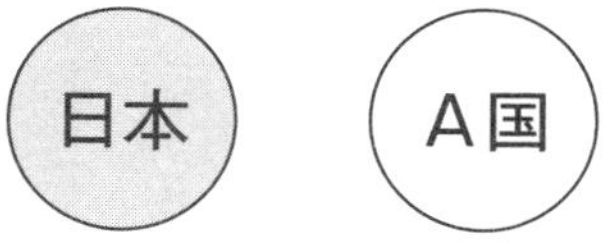


日本のみの確認。リスクは若干残るが中小企業には使いやすい

# 60 租税条約による相互協議

## 必ずしも合意するとは限らない点に注意

### ●移転価格課税された場合

国外関連者との取引が独立企業間価格によっていないと税務当局に判断され、独立企業間価格で取引を行ったものとして課税されると、国外関連者側の課税でもその取引価格が採用されないと二重課税となります。

例えば日本企業が国外関連者に対して１００円で販売していたものの独立企業間価格が１２０円だとすると日本では差額の20円につき課税されますが、相手国において仕入価格が１００円のままで扱われると20円部分について二重課税となってしまいます。

### ●相互協議とは

このような二重課税の状態になった際に、相手国との間に租税条約が締結されていれば相互協議という二国間協議を利用することができます。相互協議は両国の税務当局が二重課税を排除する目的で行うもので、独立企業間価格等の事前確認に関するものが多くを占めますが、課税処分後に行われるケースもあり、その半数以上は移転価格税制に関するものとなっています。

企業が相互協議を利用する場合には、国税庁相互協議室に相互協議の申立てをします。その後、国税庁が相互協議をすべきであると判断した場合に両国間の税務当局による協議が行われます。そして、両国間で合意に達した場合に自国または相手国の所得が減額され二重課税が排除されます。なお、相互協議は政府間の非公開協議であるため納税者が参加することはできないこと、合意も努力義務であるため、必ずしも合意するとは限らないことに注意する必要があります。

また、租税条約が締結されていない国の国外関連者との間の取引について移転価格課税が行われた場合には、相互協議も行われず、相手国の国内法の規定による手続に従うしかありませんので、二重課税の状態を排除することは非常に難しくなります。

# 移転価格税制と租税条約

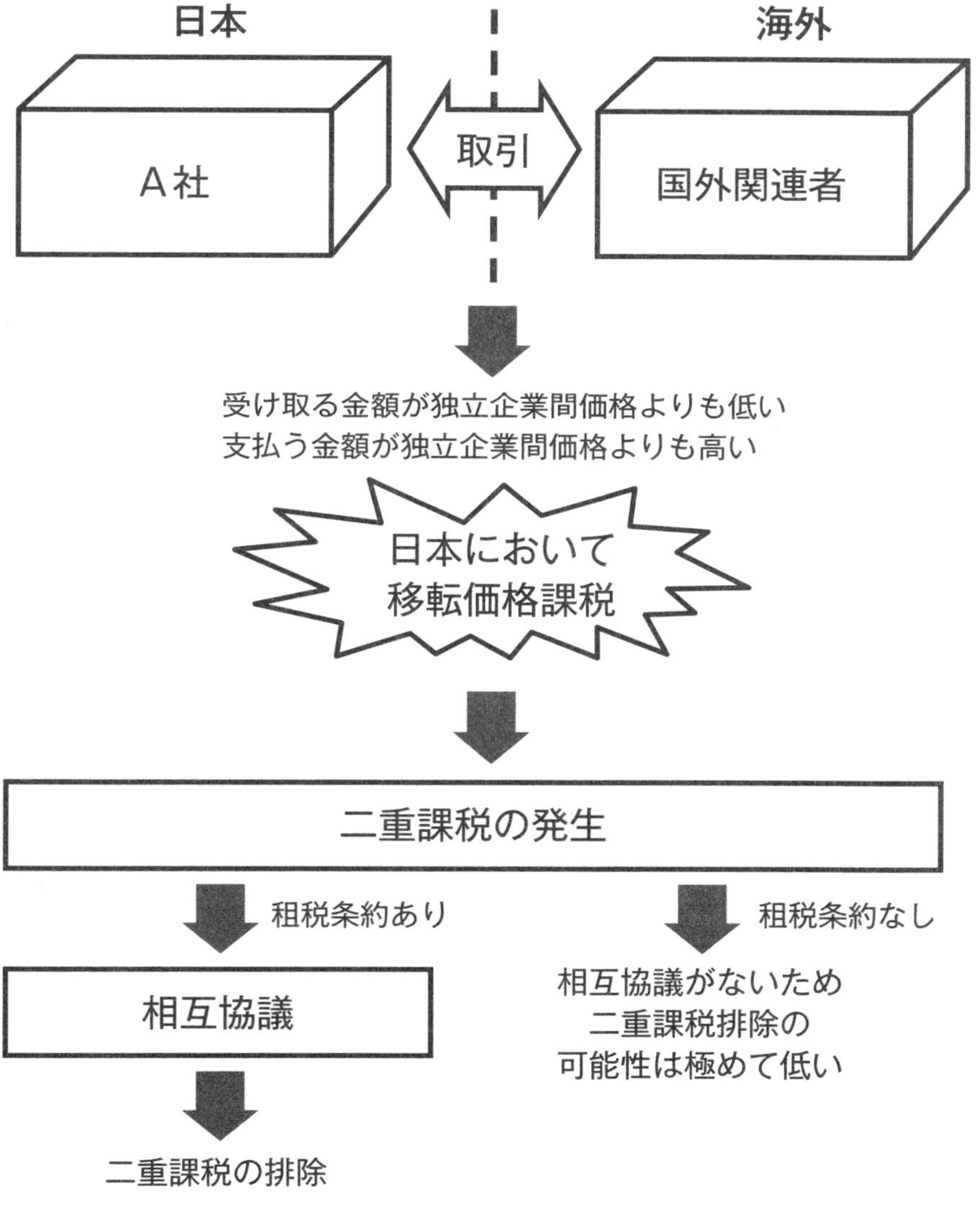
日本
海外
A社
取引
国外関連者
受け取る金額が独立企業間価格よりも低い
支払う金額が独立企業間価格よりも高い
日本において
移転価格課税
二重課税の発生
租税条約あり
租税条約なし
相互協議
相互協議がないため
二重課税排除の
可能性は極めて低い
二重課税の排除

# 61 諸外国の移転価格税制の整備状況と注意点

日本では課税されなくても相手国で課税されることもある

**●各国の移転価格税制の整備状況**

欧米諸国は古くから移転価格税制を整備している国が多く、税務当局の運用にも長年の経験が活かされているため、独立企業間価格の算定方法や文書化等についても明確になっているケースが多く見られ、移転価格課税の予見可能性は高いものと考えられています。

その一方でアジア諸国においては近年急速に移転価格税制の整備が行われている国が多く、税務当局も運用に慣れていないため、思わぬところで移転価格課税を受けるケースも見受けられます。

**●BEPS行動計画公表後の動き**

OECDがBEPS行動計画を公表して以降、各国において、その行動計画に沿った税制改正が行われています。また、これら各国の税制が整備されるに伴い、CbCレポートが租税条約締結各国で提供されるようになっています。

**●相手国で移転価格税制の対象となった場合**

日本で移転価格税制の適用がなかった場合でも、相手国において移転価格税制の対象となるケースもあります。例えば、日本における利益を多くした場合には、相手国においては、所得が減り税収も減ることから移転価格税制の対象となることが考えられます。

また、移転価格税制の対象となる国外関連者の範囲について、日本では持株割合については50%を基準としていますが、50%未満の保有割合でも対象となる国もあります。そのため、日本では移転価格税制の対象とならない取引であっても、相手国において移転価格税制の対象となるということもあり得ます。

相手国の移転価格税制の対象となった場合、租税条約が締結されていれば、相互協議の可能性がありますが、租税条約が締結されていない国では一方的に課税されて終わり、というケースもありますので注意が必要です。

## 諸外国の移転価格税制の整備状況と注意点

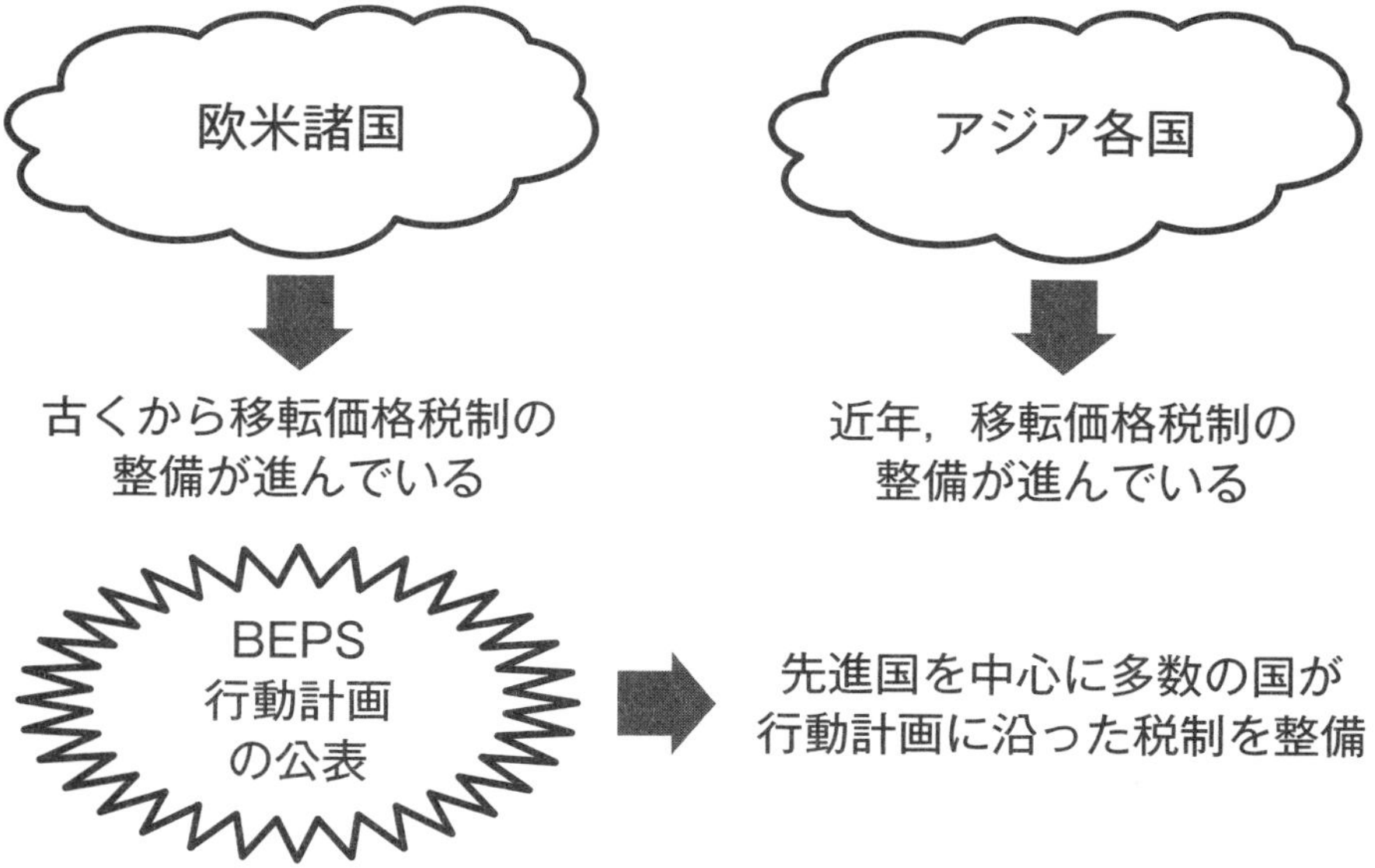
欧米諸国
古くから移転価格税制の
整備が進んでいる
アジア各国
近年，移転価格税制の
整備が進んでいる
BEPS
行動計画
の公表
先進国を中心に多数の国が
行動計画に沿った税制を整備

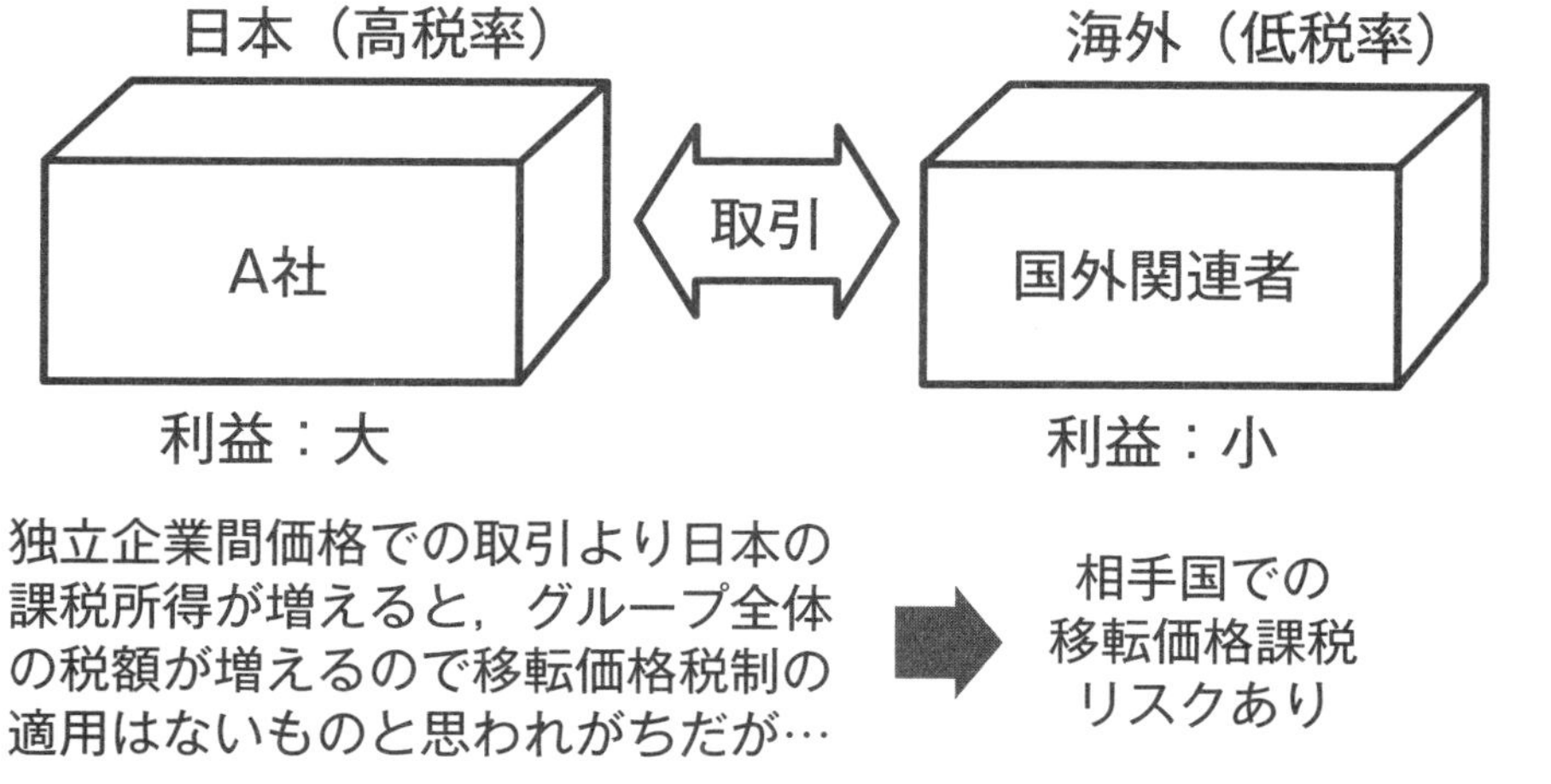
日本（高税率）
A社
利益：大
取引
海外（低税率）
国外関連者
利益：小
独立企業間価格での取引より日本の
課税所得が増えると，グループ全体
の税額が増えるので移転価格税制の
適用はないものと思われがちだが…
相手国での
移転価格課税
リスクあり

column
コラム

## 移転価格税制の調査

ひと昔前まで，「○○億円申告漏れ」という文字が新聞を飾るなど，移転価格税制は取引金額が大きい大企業にしか関係ない話という印象でしたが，最近では中堅・中小企業の税務調査の場面でも移転価格について指摘されるケースが出てきており，取引規模が小さくても移転価格に対して慎重な対応が必要となっています。

国税庁が毎年公表している「法人税等の調査事績の概要」においても移転価格調査に係る申告漏れ所得金額は高い水準で推移していますし，平成28年度税制改正において，移転価格の文書化が整備され，今まで以上に独立企業間価格に焦点を当てた調査が増えてきています。

また，毎年の「法人税等の調査事績の概要」において，主要な取組として「海外取引法人等に対する取組」が掲げられており，その例示として国外関連者との取引が記載されていることからも，国税庁全体として国外関連者との取引に注目していることが伺えます。実際に本格的な移転価格調査まではいかなくとも，海外に関係会社を持っているような企業の調査の際は，関係会社間取引の金額決定の根拠についての詳細な資料の提出を求められるようになりましたし，海外子会社の役員を務めている社員や海外出張が多い社員の人件費やその他の経費の負担についても厳しく見られ，現地法人が負担すべき経費を日本法人が負担しているケースではその費用については「国外関連者に対する寄附金」として否認されるという場面が増えてきています。

今後，ますますこの傾向は強くなると考えられるため，海外に関係会社がある場合には，１つひとつの取引について，どこの国がその費用をいくら負担すべきか，ということを慎重に検討する必要があります。

# 第 10 章

# 海外勤務者がいる場合の注意点

# 62 海外勤務者ってなに？

出張、出向、転籍といった形態での海外勤務

**●海外勤務者の種類**

企業が海外進出をすると、それに伴って進出先の海外で勤務する人員が必要となります。この際、すべてを現地の人員で調達できれば問題はないですが、企業の文化、商品やサービスの特徴、自社の強み等を熟知している日本の人員が進出国で指導を行ったり、実務を行ったりするのが一般的です。

この際、短期間であれば出張、ある程度長期にわたるのであれば出向、完全にその国の法人に所属するのであれば転籍といった形態で海外勤務することとなります。

**●海外勤務者に必要な能力**

社員が海外勤務をする場合にはさまざまな注意が必要です。例えば、生活するうえでも、文化や生活環境、治安といった側面において日本とは大きく違います。

また、ビジネスの側面においても、現地国の社員との考え方の違い、商習慣の違い、急な政府のレギュレーションの変更等さまざまな問題が出てきます。

これらに臨機応変に対処し、問題が発生するたびに解決しなければならないのは難しい作業であり、海外勤務者にはタフさと問題解決能力が求められます。

**●海外勤務の注意点**

海外勤務をするにあたって、注意すべき事項はたくさんありますが、最もよく聞くのが社会保険の問題です。日本では国民皆保険制度のもと健康保険に入らなければならず、一定レベルの医療行為を受けることができましたが、海外の場合はこういった健康保険制度がある国はほとんどありません。また、厚生年金についても将来の給付額に影響が出る場合もあります。

この他にも、日本の自宅をどうするか、子どもの教育をどうするか、銀行口座をどうするか等のさまざまな問題がありますので、海外勤務に慣れていない会社の場合には従業員に対して十分な配慮が必要です。

# 海外勤務者

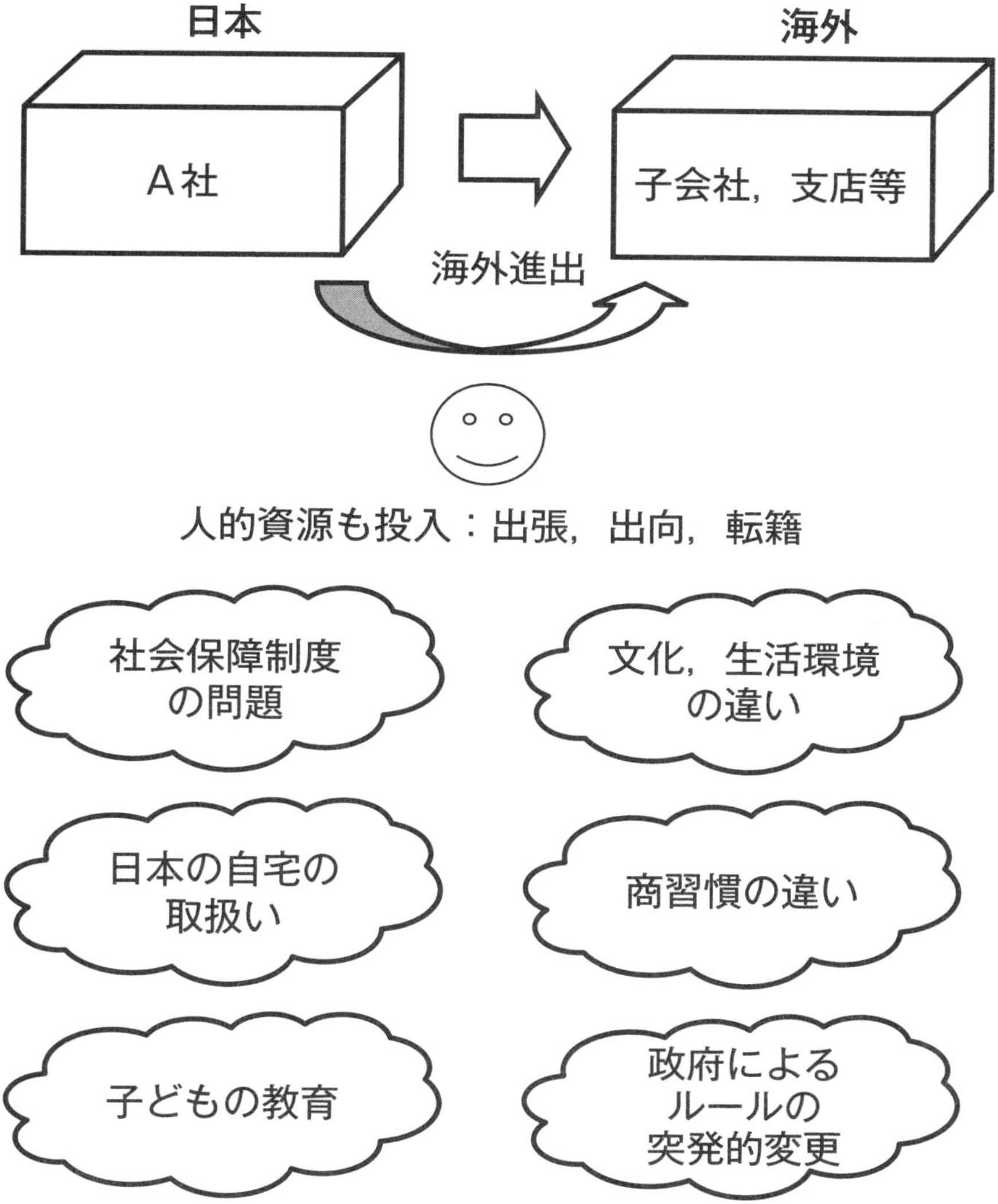
日本
海外
A社
子会社，支店等
海外進出
人的資源も投入：出張，出向，転籍
社会保障制度
の問題
文化，生活環境
の違い
日本の自宅の
取扱い
商習慣の違い
子どもの教育
政府による
ルールの
突発的変更

# 63 日本での課税と現地での課税の違いは？

居住者・非居住者判定で考える

**●日本での課税**

日本での課税を考える場合、まずはその個人が居住者と非居住者のどちらに該当するのかを検討する必要があります。

所得税法では居住者を「国内に住所を有し、または現在まで引き続いて1年以上居所を有する個人をいう。」と定義し、非居住者を「居住者以外の個人をいう。」と定義しており、これだけではどのような場合に居住者になるのか、非居住者になるのかが不明確です。

そこで所得税法施行令において、「国外において、継続して1年以上居住することを通常必要とする職業を有する」場合には、国内に住所を有しないこと、すなわち非居住者と推定することとされています。

これを基準に考えると1年未満の海外赴任であれば非居住者とはならず、1年以上の海外赴任であれば非居住者となることとなります。

居住者の場合には全世界所得課税となりますので、海外赴任中の給与についても日本で課税対象となりますが、非居住者に該当する場合には、国内源泉所得だけが課税されます。海外勤務に起因する所得は、日本法人の役員である場合等を除いて、国内源泉所得に該当しませんので日本での納税義務はありません。

**●現地での課税**

現地での課税はその国の税法に従うことになりますが、現地においても基本的な考え方は日本での課税と同じで、当該国の税法に従って居住者判定から行うこととなります。その判定の結果、どのようなステータスになるのかに応じて課税される所得の範囲が変わるのが一般的です。

なお、この居住者・非居住者判定については租税条約が締結されている場合には、租税条約の適用により変更される場合もあります。

# 日本での課税

・日本の所得税法の規定

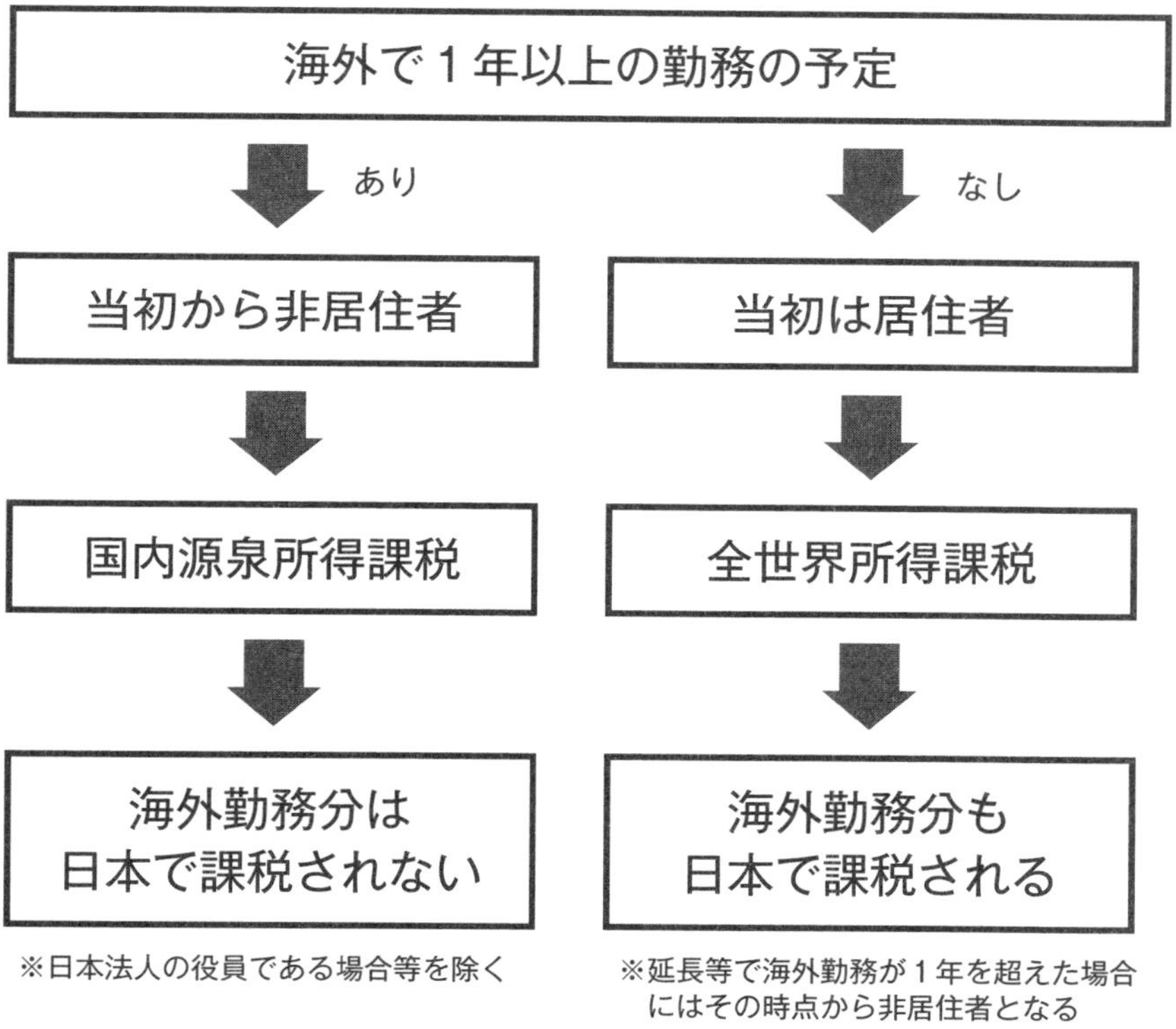
海外で１年以上の勤務の予定
あり
なし
当初から非居住者
当初は居住者
国内源泉所得課税
全世界所得課税
海外勤務分は
日本で課税されない
海外勤務分も
日本で課税される
※日本法人の役員である場合等を除く
※延長等で海外勤務が１年を超えた場合
にはその時点から非居住者となる

租税条約締結国の場合には租税条約が優先され
上記と異なる場合がある。

# 64 海外赴任した年の注意点

## 1年以上の場合は出国する日までの給与は日本で課税?

**●海外赴任までの給与**

1年以上の予定で海外赴任をする場合、赴任する年においては、出国の日までは居住者、出国の日の翌日からは非居住者となり、日本での課税関係が変わります。海外赴任のために出国する日まで（＝居住者期間）に支給される給与は日本で課税されますが、給与所得のみであれば出国の日までに年末調整を行うことにより日本での課税関係は完結します。

**●海外赴任後の給与**

海外赴任後は非居住者となりますが、非居住者については国内源泉所得についてのみ日本で課税されることとなります。海外勤務の場合には従業員である場合には国内源泉所得に該当しないことから、海外赴任中の給与については日本での課税はありません。

ただし、出国後初めての給与支給については、その計算期間のすべてが国内での勤務に該当すると、20・42％の源泉徴収が必要です。

例えば末日締め25日払いで給与計算がされている場合、6月1日から6月30日までの給与計算期間について、6月25日に出国していれば、計算期間の途中での出国ですのでその計算期間全体を国外勤務とみなして7月25日払いの給与は日本で課税されませんが、7月1日に出国した場合には、計算期間が満了してからの出国ですので、20・42％の源泉徴収が必要です。

海外赴任後に国内勤務期間分と国外勤務期間分を合わせて賞与が支払われる場合には、賞与の金額を賞与計算期間のうちの国内勤務日数で按分した金額についてのみ日本で20・42％の源泉徴収が必要です。

なお、日本法人の役員である場合には支店長等、常時使用人として海外で勤務している場合を除き、海外勤務についても国内源泉所得として取り扱われますので、原則として20・42％の源泉徴収が必要です。

## 海外赴任した年の注意点

- **出国日6/30，１年以上勤務予定の場合**

| ～6/30 | 7/1～ |
| --- | --- |
| 居住者 | 非居住者 |

給与が末日締め，翌月25日払いの場合

6/30 → 7/25

7/25支給分（6/30締分）

計算期間のすべてが
国内勤務に該当

国内勤務に起因する所得
なので国内源泉所得

↓

非居住者に対する支払
→20.42%の源泉徴収

- **出国日が6/25の場合**

計算期間の途中での出国

その計算期間全体を
国外勤務とみなすので
国内源泉所得とならない

↓

日本での課税なし

# 65 海外から帰任した年の注意点

## 海外赴任の場合の考え方とは違う

**●日本に帰任するまでの給与**

海外赴任から日本に帰任する場合、帰任する年においては、帰国の日までが非居住者、帰国の日の翌日から居住者となります。帰国日までに支給された給与の課税関係については、64の海外赴任後の給与と同様の取扱いとなります。

**●日本に帰任後の給与**

日本に帰任した後は居住者となります。居住者については全世界所得課税ですので、居住者になった後に支払われる給与については、それが国内勤務分であるか、国外勤務分であるかを問わず日本で課税対象となります。つまり、海外赴任した場合と違い国内勤務分と海外勤務分を区分するという考え方はありません。

なお、帰任した年に行われる年末調整では、居住者となった日からの支給分について行い、非居住者期間の支給分については考慮する必要はありません。

**●退職金**

海外勤務時に退職した場合、退職金の支払が非居住者期間に行われるのであれば、それを国内勤務期間分と国外勤務期間分に按分し、国内勤務期間分については国内源泉所得として20・42％の税率による源泉徴収がされます。

退職金の支払が居住者期間に行われるのであれば、その全額について課税対象となりますが、退職所得控除額を控除した後の金額の2分の1が課税標準となり、さらに他の所得とは区分して計算されます。

一般的に退職金は居住者として受け取ったほうが、税負担が少なく済むケースが多いことから、非居住者と居住者の違いによる、税負担の不公平さをなくすために、非居住者であっても、居住者と同様の計算式で所得税額を計算し、確定申告書を提出することにより、源泉徴収税額の還付を受けることができます。

# 日本に帰任した年の注意点

## ・帰国日6／30の場合

～6/30　7/1～

| 非居住者 | 居住者 |
| --- | --- |

給与が末日締め，翌月25日払いの場合

6/30　→　7/25

7/25支給分（6/30締分）

支給時に居住者なので
国外勤務分であっても
通常の給与課税

※年末調整の対象となるのは居住者期間分の支給分のみ

## ・海外勤務中に退職した場合の退職金

退職

| 居住者 | 非居住者 |
| --- | --- |

退職金総額のうち
国内勤務期間分

➡

国内源泉所得
→20.42％の源泉徴収
税負担　大

※確定申告により居住者と同様の計算式を採用することが可能

# 66

# 納税管理人ってなに？

## 個人でも法人でもなることが可能

**●納税管理人の役割**

海外赴任に伴い1年以上の予定で日本を離れる場合には非居住者となり、国内源泉所得以外の所得は日本での納税義務がなくなります。海外赴任の際に支給される給与は基本的に国内源泉所得には該当しないため、日本での申告・納税義務は発生しません。

しかしながら、不動産の賃貸収入がある、日本国内にある資産の譲渡による所得がある等の理由で、国内源泉所得を有する場合には、非居住者であっても確定申告をしなければなりませんが、海外赴任をしてしまうと日本での申告や納税に困難を伴います。そういった際に、納税者に代わって、確定申告書の提出や税金の納付等を行う者として納税管理人という存在があります。

基本的に納税管理人は、個人でも法人でもなることができ、一般的には家族や親族、顧問税理士や税理士法人がなることが多いようですが、財産に関することですので、税に関する知識があり、信頼できる人に依頼するのがよいと思います。

なお、納税管理人は所得税だけでなく固定資産税等の他の税金の申告・納付がある場合にもそれぞれ選任する必要があります。

**●出国年度の確定申告期限**

海外赴任をする年において、居住者として確定申告をする必要がある個人が納税管理人の選任をしないで出国する場合（非居住者となる場合）には、出国の日までに居住者期間分の確定申告をしなければなりません（この場合でも非居住者期間分の確定申告を翌年の2月16日から3月15日までの間にする必要があります。）。出国前に選任した場合には通常どおり、1年分の所得について翌年2月16日から3月15日までの間に確定申告をすれば問題ありませんので、納税管理人を定めてからの出国をお勧めします。

## 納税管理人

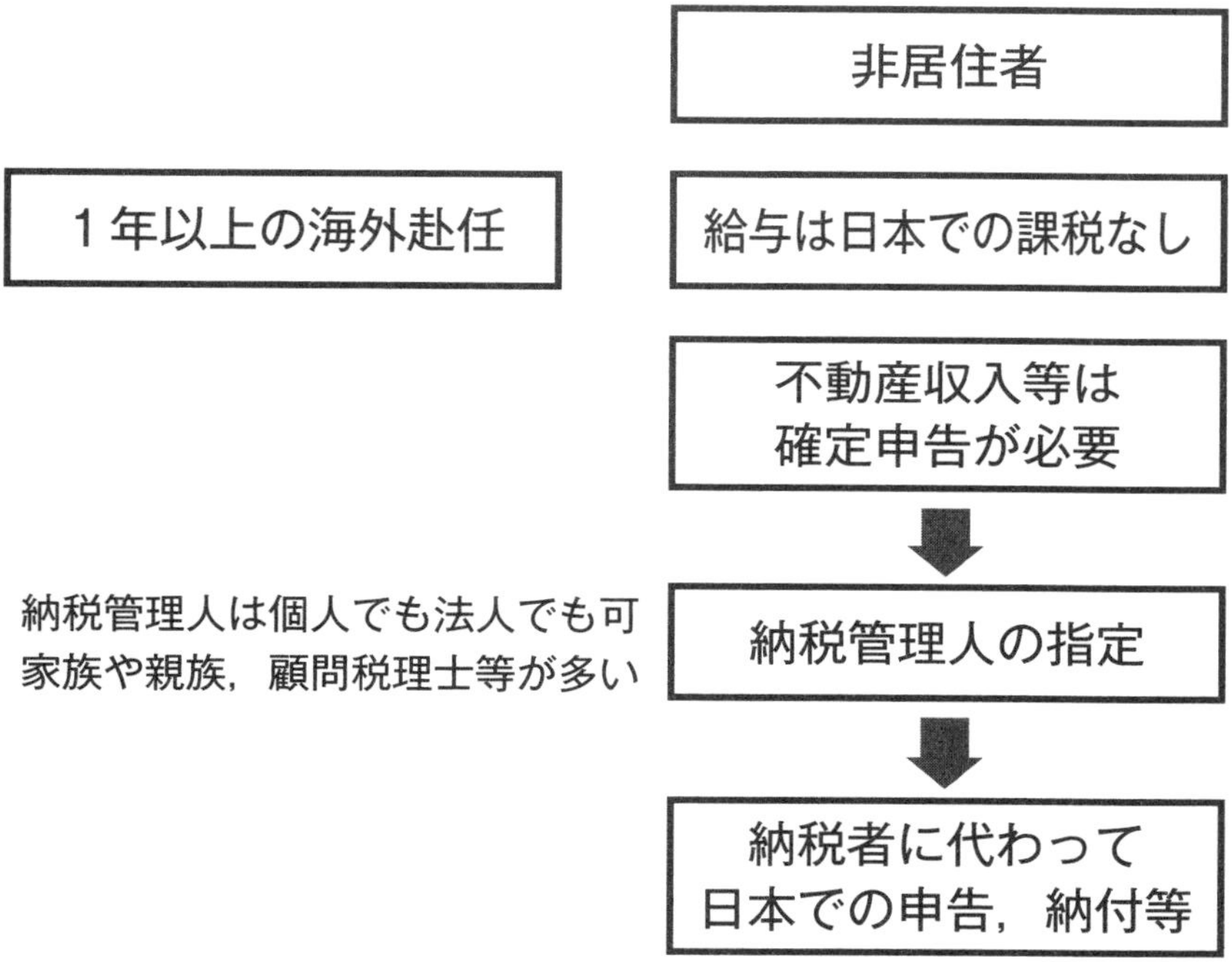


・出国年度の確定申告期限

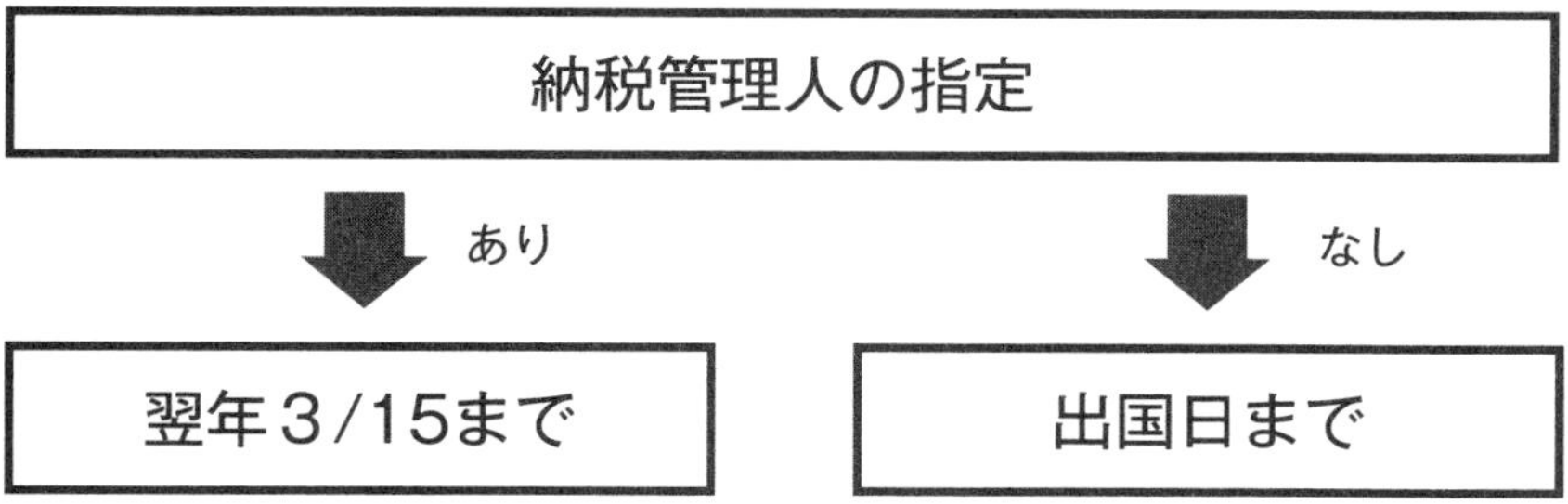

column
コラム

## 海外勤務と人の問題

企業が海外進出をする際の企業内部での最も大きな問題は海外勤務をする「人」に関することかもしれません。たいていの企業では海外進出をする際は，まずは営業拠点となるか？　製造拠点となるか？　等，その事業にとってどこの国や地域に進出するのがベストかを探し，その後に従業員がどこに住むか？　海外勤務者の制度をどうするか？　というような人に関する問題に踏み込みます。

これは，海外進出の際だけでなく日本国内での拠点開設にも当てはまるかもしれません。ただ，日本国内での拠点開設の場合は，どこに住んでも日本語は通じますし，税制や社会保障制度，物価や治安，教育環境等も地域によって多少の差はあるにせよ大した差ではありません。

それに比べて海外の場合はこれらすべてが日本と異なります。人間は環境に順応していく生き物ですが，そうはいっても順応には時間がかかりますので環境変化によるストレスには会社としても気を配る必要がありますし，海外勤務をすることによって金銭的に不利にならないように，海外勤務時の給与体系をしっかりと定める必要があります。

また，海外進出国が１カ国であれば，日本との調整だけで済みますが，２カ国以上になると進出国同士の調整も必要となります。物価の違い，治安の違い，税制や社会保障制度の違い，これらの違いのすべてを考慮した制度を作るのは難しいにしても，海外で勤務社員同士で待遇に差が出ると争いの元となりますのである程度網羅的な制度を整備する必要はあります。

そして，案外知られていないのが，海外勤務者が帰国した際にもケアが必要だということです。海外でのチャレンジできる環境に慣れた人が，日本の保守的な社内風土に嫌気がさして辞めてしまうということもありますし，海外では広い家に住めたのに日本では狭い家になってしまいモチベーションが下がるということもあります。

人は企業にとって最も重要な財産であり，海外進出が成功するかどうかのポイントとなりますので満足のいく成果を出してもらうためにも十分なケアが必要です。

# 第11章

# 租税条約ってなに？

67　租税条約の目的

68　租税条約は締結国ごとに違う

69　適用対象者に注意

70　適用対象所得に注意

71　租税条約が締結されていない場合の注意点

# 67 租税条約の目的

## 国際的二重課税の排除と脱税の防止

### ●国際的二重課税の排除

経済取引が発展し、ビジネスがグローバル化してくると、国境を越える取引が多くなり、二重課税の問題が発生しやすくなります。二重課税の問題は居住地国での課税か所得源泉地国での課税かというシンプルなものもあれば、両国の法令に従うとどちらの国においても居住者となってしまう、両方の国の源泉所得となってしまう等、そもそもの国内法同士の違いによって生じることもあります。

この場合、お互いの国は主権国家として、それぞれが独自の法律を持つ権利を有していますから、自国の利益のために相手国の国内法を改正させることはできません。しかしながら、二重課税の状態が続くとビジネス活動がしにくくなり、長期的には両国の経済損失に繋がります。

もちろん、国内法によって全世界課税所得方式の国は外国税額控除制度を採用する、そもそも国外所得を免税にする等さまざまな対応策はありますが、それで必ずしも二重課税がなくなるわけではありません。

そこで、両国間がお互いに譲歩して二重課税を排除するように各種取引についてそれぞれの課税権を明確にし、合意したのが租税条約です。

### ●脱税の防止

また、租税条約には「情報交換規定」と呼ばれる規定が存在するのが一般的です。これは、国際的な租税回避行為や脱税行為を防止するための制度で、締結国間で相互に情報交換に協力することを定めています。

日本の税務当局は近年、この情報交換規定を利用した情報収集に力を入れており、租税条約の相手国に対する情報交換の要請件数は、コロナ禍で若干減りましたが、以前に比べて増加傾向となっており、今後も活発な情報交換が行われることが予想されます。

# 租税条約の仕組み

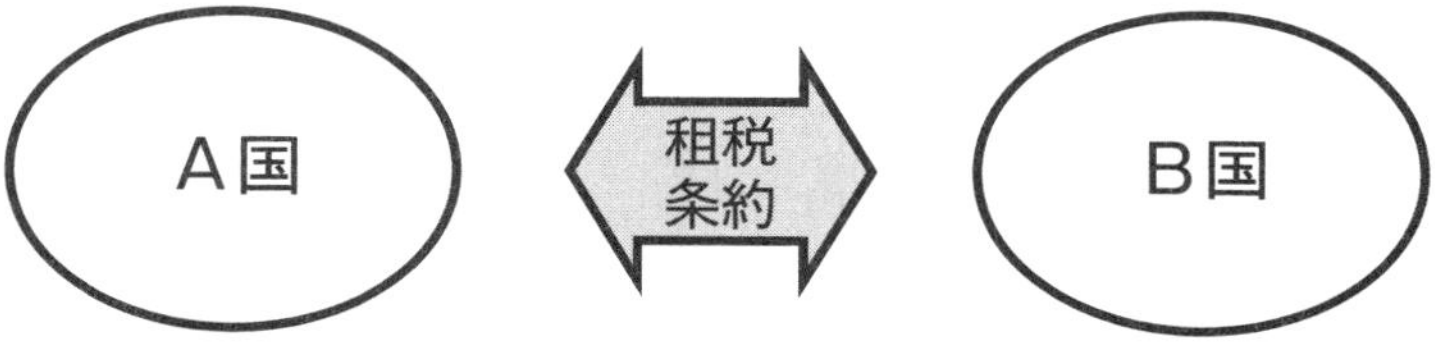


＜国際的二重課税の排除＞

- ビジネスのグローバル化
- 各国税制の違い

↓

二重課税を避けて両国の関係を良好に！

- 各種所得ごとにどちらの国に課税権があるのかを明記
- 二重課税になった際の取扱いを明記

＜脱税の防止＞

- 情報交換により国際的な租税回避行為や脱税行為を防止

# 68 租税条約は締結国ごとに違う

## 必ずしもOECDモデル条約と一緒ではない

**●租税条約は1対1**

租税条約は二国間条約であり国家間の1対1の条約です。OECDが加盟国に対して採用を要請しているOECDモデル条約という雛形もありますが、必ずしも各条約においてそれが採用されているわけではなく、日本が締結している租税条約においても採用していないものもあります。

これは、租税条約が2国間のそれぞれの経済状況等を考慮して協議することによって締結されているものであり、OECDモデル条約を締結することが必ずしも両国の利益にならないからだと考えられます。

**●具体的な違い**

例えば、100%子会社からの配当に対する源泉地国の課税権を見てみます。各条約ともに保有期間に対する制限はあるものの、それを満たしているという前提で考えると、日米租税条約では0%、日星（シンガポール）租税条約では5%、日中租税条約では10%というように、各条約によって税率が異なります。

また、外国法人が100%保有している内国法人の株式を売却した場合、日星租税条約では国内法と同様、日本に課税権がありますが、日米租税条約では日本側に課税権はないというように、日本の国内法ではあるとされている課税権が租税条約によってなくなるケースもあります。

さらには、国内法で課税権がないとされている取引について租税条約で課税権が出てくるケースもあります。このケースで有名なのはインドと締結している租税条約の技術上の役務に対する料金（多いのはシステム開発業務等）に関するもので、国内法では国内源泉所得に該当しないため日本での源泉徴収義務はありませんが、租税条約によって国内源泉所得に該当し、源泉徴収の必要が生じることとなります。

# 租税条約

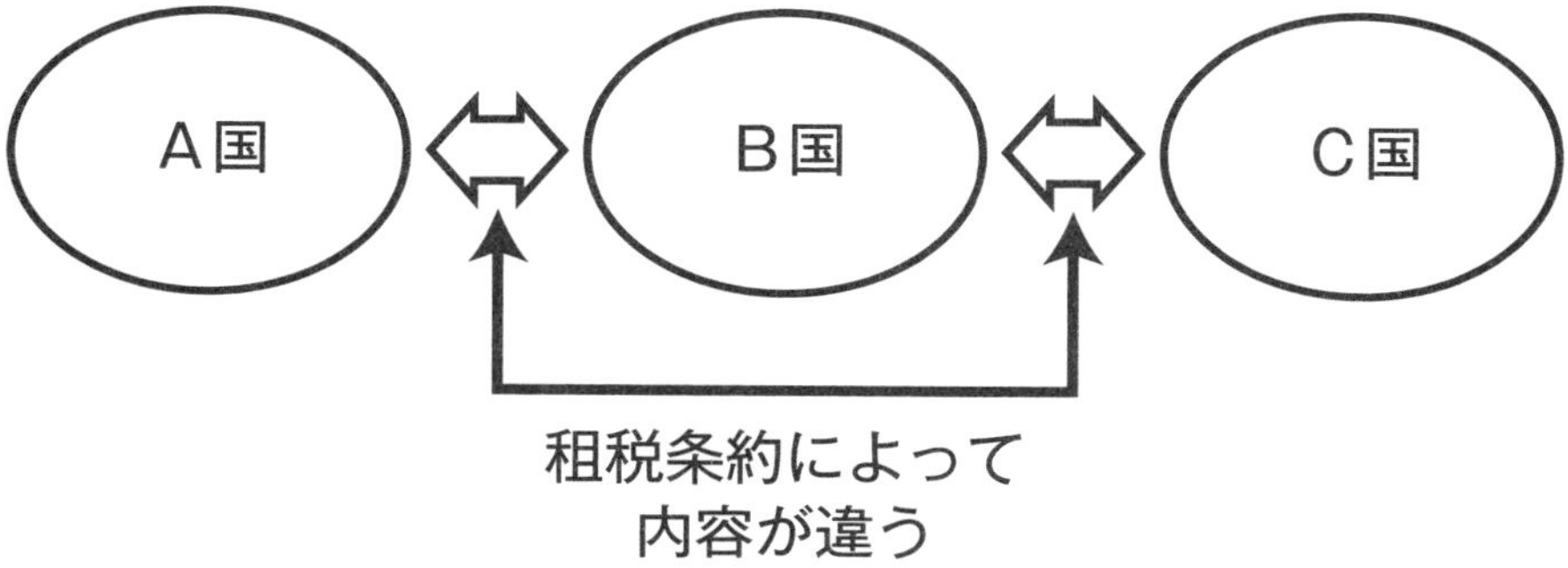


## • 租税条約ごとの違い（具体例）

• 100%子会社からの配当に対する課税（源泉地国）

| 日米租税条約 | 日星租税条約 | 日中租税条約 |
|---|---|---|
| 0% | 5% | 10% |

• 100%子会社株式の譲渡に対する課税

| 日米租税条約 | 日星租税条約 |
|---|---|
| 子会社所在地国課税なし | 子会社所在地国課税あり |

• 国外における技術役務の提供に対する課税

| 日本国内法 | 日印租税条約 |
|---|---|
| 国外源泉所得 | 国内源泉所得 |

# 69 適用対象者に注意

## 特典制限条項にも要注意

**●対象者は租税条約ごとに違う**

租税条約ではその条約ごとに誰が適用対象となるのかを規定しています。例えば、日米租税条約の場合には、対象となる法人は「一方の締約国の法令の下において、本店または主たる事務所の所在地、法人の設立場所その他これらに類する基準により、課税されるもの」とあり、アメリカに設立された法人であればすべてが対象となります。

それに対して日港租税協定では「香港特別行政区内に事業の管理及び支配の主たる事務所を有する法人」とされ、香港で設立された法人であっても管理支配が香港で行われていなければ租税協定の適用対象者とはなりません。

**●特典制限条項**

前述したように租税条約では適用対象者が規定されていますが、「特典制限条項」が規定されている場合もあります。これは形式だけ整えた法人が租税条約の特典を濫用するのを防止する目的で作られた規定で、日本が締結している租税条約では、平成16年に発効した日米租税条約で初めて制定されました。

日米租税条約における特典制限条項の具体的な内容としては、以下のどれかの要件を満たす場合に条約の特典が与えられます。

- **適格者基準**：一方の締約国の居住者である個人、政府、特定の公開会社、これらの者に50％以上の株式を保有される会社等であること
- **能動的事業活動基準**：居住地国において営業または事業活動を行っており、かつ、条約相手国で取得する資産が当該営業または事業活動に関連していること
- **権限ある当局による認定**

この特典制限条項は日米租税条約以後に締結されている多くの租税条約で導入されています。

# 適用対象者

## ・租税条約ごとの違い

| 日米租税条約 | 日港租税協定 |
| --- | --- |
| アメリカに設立された法人は<br>すべて適用可能 | 香港内に事業の管理および支配の<br>主たる事務所を有する法人 |

↓

香港に設立された法人であっても
管理および支配の主たる事務所が
香港内になければ対象とならない。

## ・特典制限条項（日米租税条約の場合）

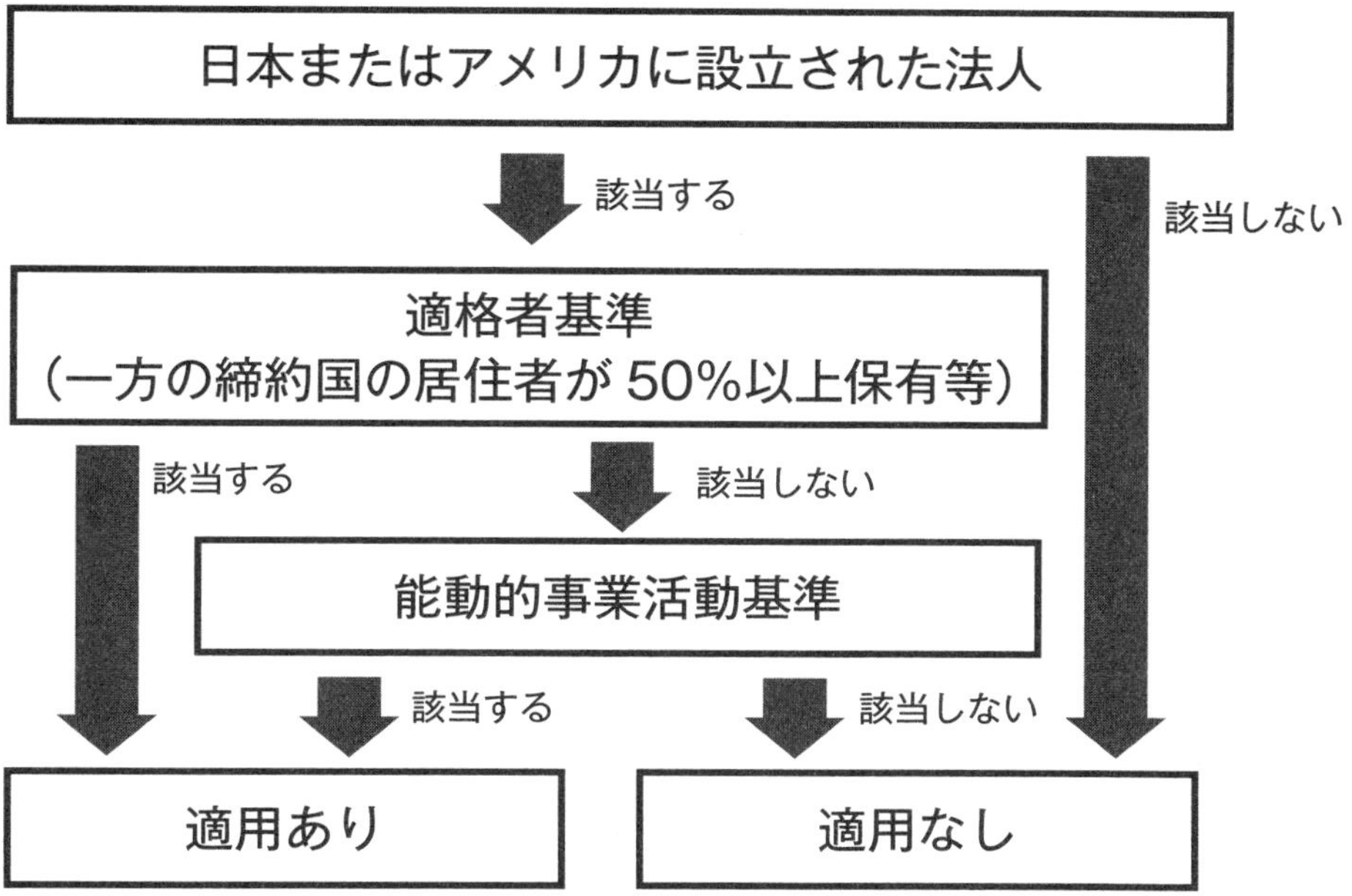

# 70 適用対象所得に注意

## 国内法、租税条約ごとの違い

### ●国内法との違い

2国間にまたがる企業の課税を考える際に、国内源泉所得に該当するかどうかを検討する必要がありますが、各国の国内法と租税条約で採用する考え方や範囲が異なる場合があります。

日本では租税条約は国内法に優先して適用されますが、国内源泉所得の範囲についても、法人税法には所得源泉地の置換え規定と呼ばれる規定があり、租税条約に異なる定めがある場合には、国内法による国内源泉所得の定めにかかわらず、租税条約の定めによることが明確にされています。

また、租税条約では各種所得について、その条約上の取扱いを1項目ずつ規定しています。日本の法人税法や所得税法でも国内源泉所得としていくつかに分類して列挙されていますが、国内法と租税条約では分類が異なることがあります。

例えば、国内で使用する機械の使用料は、国内法では使用料に関する所得として工業所有権や著作権等の使用料等と同じ区分に分類され、それを非居住者や外国法人に支払う場合には源泉徴収の必要があるのに対し日米租税条約では、使用料の区分には工業所有権や著作権等の使用料は含まれていますが機械の使用料は含まれていないため、事業所得に対する課税に係る原則が適用され、源泉徴収の必要がなくなります。

### ●租税条約ごとの違い

租税条約は二国間条約であり、それぞれの条約は、締結国間の関係、締結された時代背景等によって内容が異なります。

例えば、匿名組合分配金について見てみると、オランダやドイツとの租税条約では、議定書で日本の課税権が個別に明記されていますが、そういった区分がなく「その他所得」に分類されている租税条約もあります。

# 適用対象所得

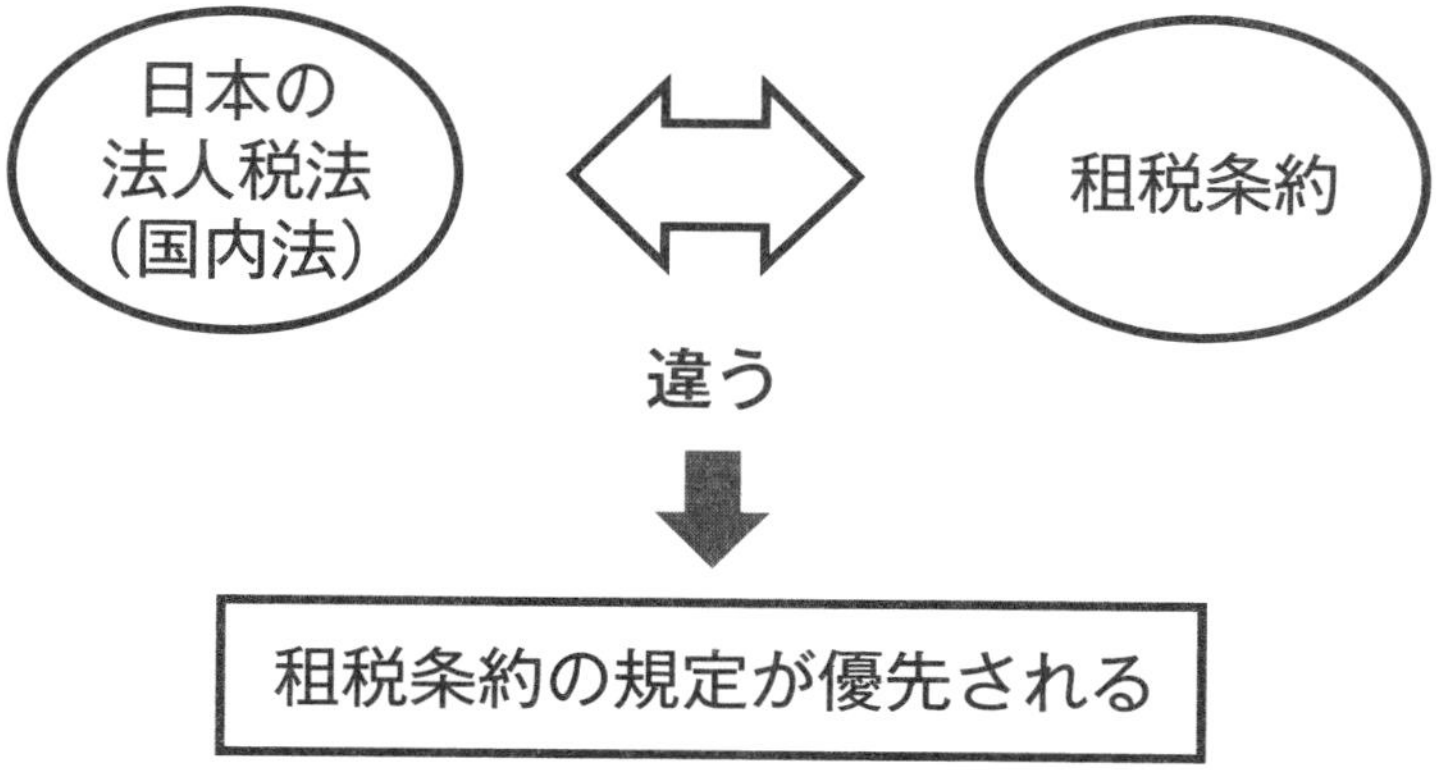


・所得分類の違い（具体例）

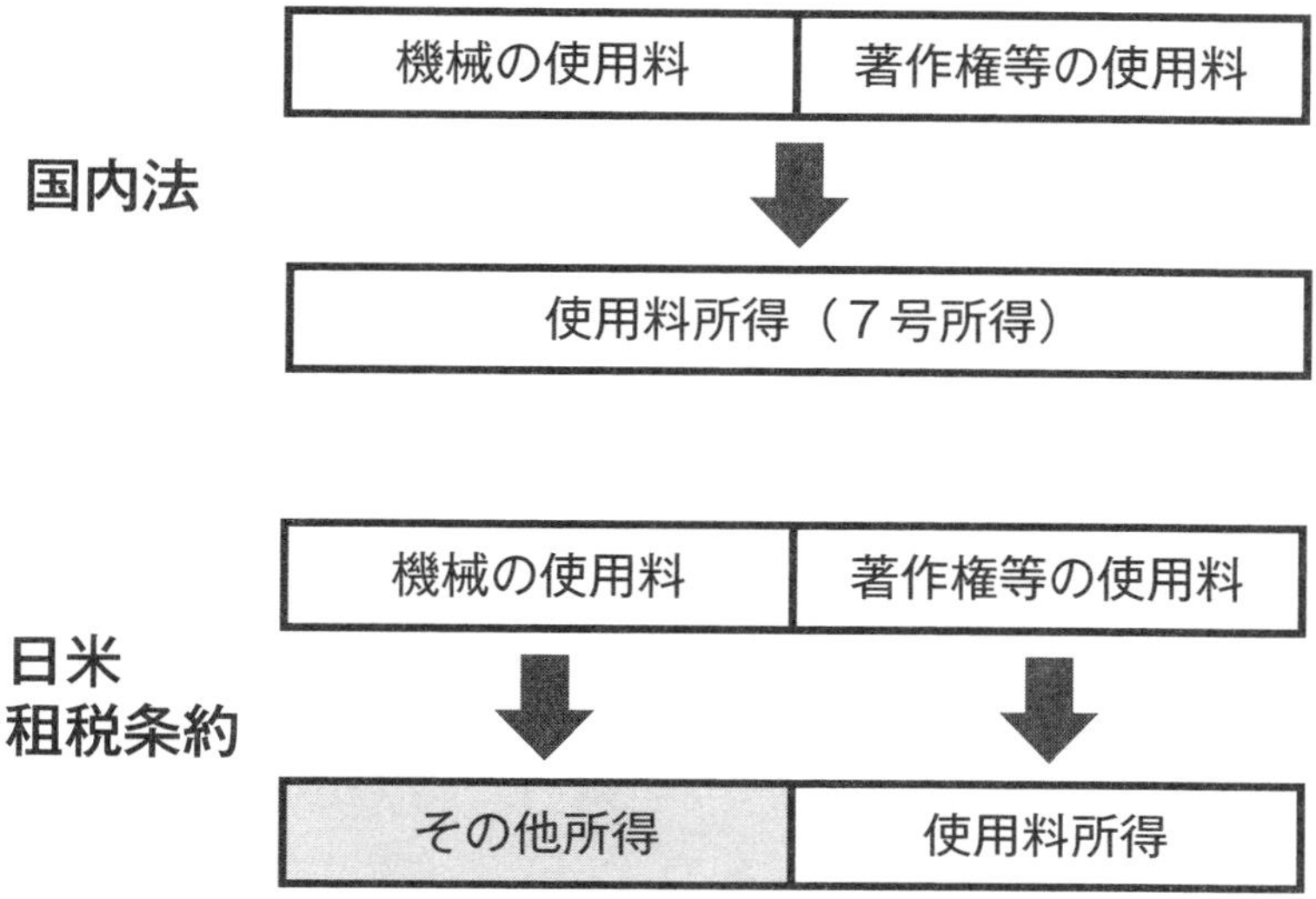

# 71 租税条約が締結されていない場合の注意点

## 租税条約が締結されていない国もまだまだある

### ●租税条約が締結されていない国・地域

財務省のデータによると2024年2月1日現在、日本と租税条約が締結されているのは155カ国・地域となっています。国連に加盟している国だけで193カ国ありますので、租税条約が締結されていない国もまだまだあるのが現状です。最近、海外進出の多い東南アジア地域で見てみますと、カンボジア、ミャンマーといった国・地域が挙げられます。

租税条約の未締結国に進出をしたり、未締結国と取引を行ったりする場合には、国際的二重課税を排除する機能がないので、税負担には十分に注意する必要があります。

### ●国内法からの軽減がない

前述したように、租税条約の目的の1つは二重課税の排除なので、租税条約にはさまざまな二重課税排除を目的とした規定があります。条約によって違いますが、ほとんどの条約で配当、利子、使用料等の所得についての課税が軽減されていますし、課税の範囲も軽減されています。

しかしながら、租税条約が未締結の場合、これらの軽減措置がなく両国の国内法に委ねられますので、税負担が想像以上に大きくなることがあります。

### ●二国間の協議が行われない

租税条約の重要な機能として、締結国間で行う相互協議というのがあります。これは、課税について締結国間で租税条約の規定に適合しない二重課税の状態になってしまった場合に、これを排除するために税務当局間で協議し、どちらの国が課税するかを決定するものです。しかしながら、租税条約が締結されていなければ相互協議も存在しませんので、例えば移転価格税制で片方の国で課税を受けた場合でも他方の国でその結果を受けて課税がなくなるということはありません。

# 租税条約が締結されていない場合

## ・日本の租税条約締結国

**欧州（46）**

アイスランド　ノルウェー
アイルランド　ハンガリー
イギリス　フィンランド
イタリア　フランス
エストニア　ブルガリア
オーストリア　ベルギー
オランダ　ポルトガル
クロアチア　ポーランド
スイス　ラトビア
スウェーデン　リトアニア
スペイン　ルクセンブルク
スロバキア　ルーマニア
スロベニア　ガーンジー（※）
セルビア　ジャージー（※）
チェコ　マン島（※）
デンマーク　リヒテンシュタイン（※）
ドイツ

（執行共助条約のみ）

アルバニア　ジブラルタル
アンドラ　フェロー諸島
北マケドニア　ボスニア・ヘルツェゴビナ
キプロス　マルタ
ギリシャ　モナコ
グリーンランド　モンテネグロ
サンマリノ

**ロシア・ＮＩＳ諸国　（12）**

アゼルバイジャン　ウズベキスタン　ジョージア　ベラルーシ
アルメニア　カザフスタン　タジキスタン　モルドバ
ウクライナ　キルギス　トルクメニスタン　ロシア

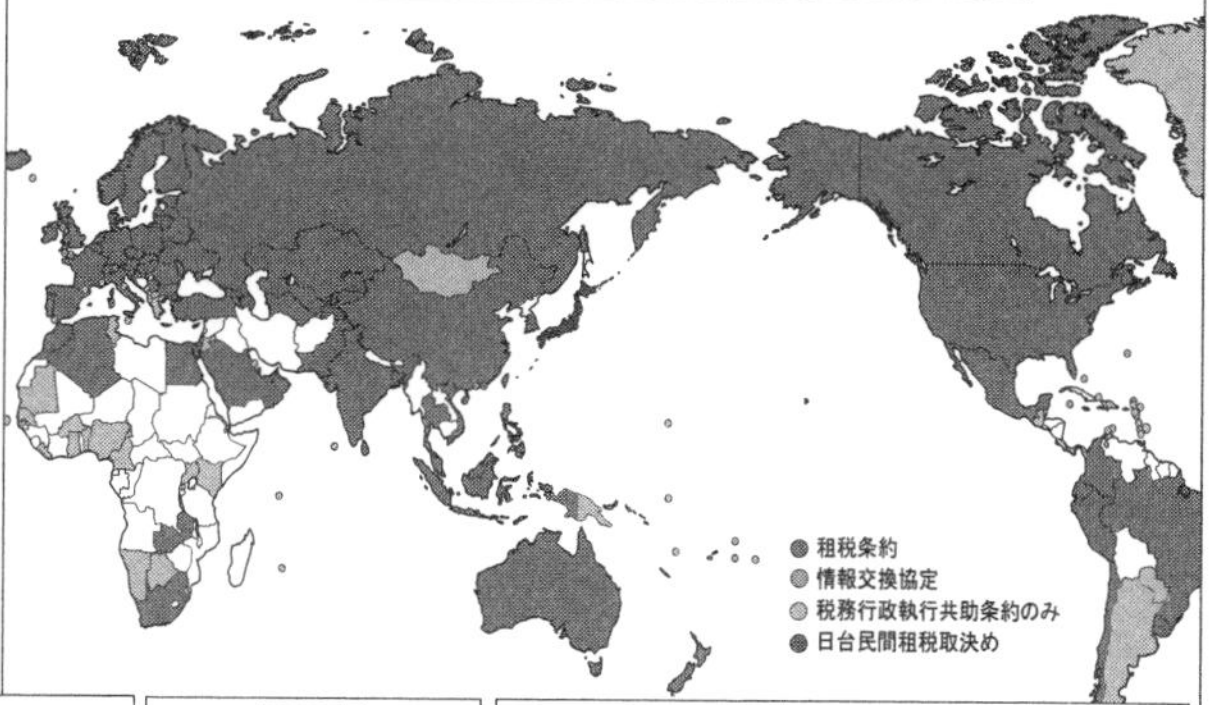


**北米・中南米（35）**

アメリカ
ウルグアイ
エクアドル
カナダ
コロンビア
ジャマイカ
チリ
ブラジル
ペルー
メキシコ
ケイマン諸島（※）
英領バージン諸島（※）
パナマ（※）
バハマ（※）
バミューダ（※）

（執行共助条約のみ）

アルゼンチン
アルバ
アンギラ
アンティグア・バーブーダ
エルサルバドル
キュラソー
グアテマラ
グレナダ
コスタリカ
セントクリストファー・ネービス
セントビンセント及びグレナディーン諸島
セントマーティン
セントルシア
ターコス・カイコス諸島
ドミニカ共和国
ドミニカ国
パラグアイ
バルバドス
ベリーズ
モンセラット

**アフリカ（23）**

アルジェリア　ザンビア　モロッコ
エジプト　南アフリカ

（執行共助条約のみ）

ウガンダ　ケニア　ナミビア　モーリタニア
エスワティニ　セーシェル　ブルキナファソ　リベリア
ガーナ　セネガル　ベナン　ルワンダ
カーボベルデ　チュニジア　ボツワナ
カメルーン　ナイジェリア　モーリシャス

**中東（10）**

アラブ首長国連邦　クウェート
イスラエル　サウジアラビア
オマーン　トルコ
カタール

（執行共助条約のみ）

バーレーン　レバノン
ヨルダン

**アジア・大洋州（29）**

インド　シンガポール　ニュージーランド　フィリピン　マレーシア
インドネシア　スリランカ　パキスタン　ブルネイ　サモア（※）
オーストラリア　タイ　バングラデシュ　ベトナム　マカオ（※）
韓国　中国　フィジー　香港　台湾（注３）

（執行共助条約のみ）

クック諸島　ニウエ　バヌアツ　マーシャル諸島　モンゴル
ナウル　ニューカレドニア　パプアニューギニア　モルディブ

（注１）税務行政執行共助条約が多数国間条約であること，及び，旧ソ連・旧チェコスロバキアとの条約が複数国へ承継されていることから，条約等の数と国・地域数が一致しない。

（注２）条約等の数及び国・地域数の内訳は以下のとおり。

- 租税条約（二重課税の除去並びに脱税及び租税回避の防止を主たる内容とする条約）：73 本，80か国・地域
- 情報交換協定（租税に関する情報交換を主たる内容とする条約）：11 本，11 か国・地域（図中，（※）で表示）
- 税務行政執行共助条約：締約国は我が国を除いて124か国（図中，国名に下線）。適用拡張により142か国・地域に適用（図中，適用拡張地域名に点線）。このうち我が国と二国間条約を締結していない国・地域は63か国・地域。
- 日台民間租税取決め：１本，１地域

（注３）台湾については，公益財団法人交流協会（日本側）と亜東関係協会（台湾側）との間の民間租税取決め及びその内容を日本国内で実施するための法令によって，全体として租税条約に相当する枠組みを構築（現在，両協会は，公益財団法人日本台湾交流協会（日本側）及び台湾日本関係協会（台湾側）にそれぞれ改称されている。）。

## ・租税条約未締結国の場合

| 国内法からの軽減がない<br>↓<br>二重課税等で税負担が<br>重くなる場合がある | 二国間協議が行われない<br>↓<br>二重課税になっても<br>解消されない |
|---|---|

column
コラム

## 世界の租税条約ネットワーク

租税条約は２国間の条約であるため，締結されていない国というのもけっこうあります。日本が締結しているのは2024年２月１日現在で155カ国・地域ですので，2，３割程度の国とは未締結の状況です。もちろん日本からの進出がない国や地域であれば問題ありませんが，日本からの進出が多いアジア地域でいえば，ミャンマーやカンボジア等とは未締結です。また，中南米やアフリカについては締結国が数カ国しかありません。未締結国が多数あるという状況は日本だけに限ったことではなく，どこの国にでも当てはまります。

また，日本が租税条約を締結している国同士が租税条約を締結しているとも限りません。例えば，日本はアメリカともシンガポールとも租税条約を締結していますが，アメリカとシンガポール間では包括的な二重課税防止のための租税条約を締結していません。

こういった多国間の租税条約まではなかなか気が回らないとは思いますが，海外進出をし，海外にも自社グループの拠点を作ろうとする場合には，この多国間の租税条約というのは，かなり重要です。例えば，Ａ国にその地域各国の統括会社を設立して，その地域の他の国へ進出するような場合，Ａ国と進出各国間の租税条約がないと，税負担が増えることが多々あります。

基本的にグローバル企業が拠点を置いている国は租税条約ネットワークが充実している場合が多いですが，将来的な統括会社の設置を考えている国への進出の際はその国の租税条約ネットワークについても事前に調査しておくことをお勧めします。

# 第12章

# 外国法人または非居住者に費用を支払った場合の源泉徴収の注意点

# 72 国内源泉所得

## 外国法人の課税の対象となる所得

**●国内源泉所得の種類**

国内源泉所得とはその所得が生じた場所や原因が国内にある所得であり、一般的にその国に課税する権利がある所得とされています。

日本の法人税法では外国法人の課税所得の範囲として第１３８条において国内源泉所得が定義され、以下の所得がその国内源泉所得として列挙されています。

**1号**：ＰＥに帰属する所得
**2号**：国内資産の運用または保有による所得
**3号**：国内資産の譲渡による所得で一定のもの
**4号**：人的役務提供事業の所得
**5号**：不動産等の貸付けによる所得
**6号**：その他の所得

現在の日本の法人税法では、国内源泉所得の考え方として帰属主義が採用されており、ＰＥに帰属する所得をすべて国内源泉所得とした上で、ＰＥに帰属しない所得で国内源泉所得となるものを列挙しています。

**●外国法人の課税対象範囲**

外国法人の課税対象範囲は、ＰＥの有無によって代わってきます。国内にＰＥを有する場合には1号から6号までのすべての国内源泉所得が法人税の課税対象とされ、国内にＰＥを有しない場合には、2号から6号までの国内源泉所得が法人税の課税対象とされます。

例えば、日本にＰＥを有していなくても、日本国内の不動産の賃貸や、譲渡をした場合には日本の法人税の対象となります。

ここに列挙された所得以外は国外源泉所得となり外国法人の課税範囲から外れますのでどの所得が国内源泉所得に該当するかを把握することは非常に重要です。

なお、1号から6号の国内源泉所得に該当しない所得であっても、所得税法の規定により国内源泉所得として源泉徴収される所得もあります。

# 国内源泉所得

| | PEあり | PEなし |
|---|---|---|
| ①PE帰属所得 | | |
| ②資産の運用保有 | | |
| ③資産の譲渡（一定のもの） | | |
| ④人的役務提供事業 | | |
| ⑤不動産等の貸付け | | |
| ⑥その他の国内源泉所得 | | |

の部分が外国法人の法人税の課税範囲である。
上記のほか，所得税が源泉徴収される所得もある。

# 73 源泉徴収制度

## 所得の種類によって税率が違う

### ●源泉徴収が必要な所得

内国法人が外国法人または非居住者に対して国内において支払を行う場合には、内国法人や居住者に支払を行う場合よりも広い範囲の所得に対して、支払者が源泉徴収をしなければなりません。これは外国法人または非居住者に対する課税漏れを防ぐためといわれています。

外国法人の場合、法人税の対象となる国内源泉所得は、前述の法人税法第１３８条に規定されていますが、源泉徴収の対象となる所得は、所得税法第１６１条の国内源泉所得のうち４号から11号までと、13号から16号までと規定されており、法人税の対象とはならなくても、源泉徴収の対象となるものがあります（12号は個人に対する給与等の規定のため法人は対象となりません）。

### ●源泉徴収税率と支払方法

外国法人または非居住者に対して、国内において支払をする際に源泉徴収をする必要があるのは前述したとおりですが、その際の税率は所得の種類によって以下のように異なります。

- ４号、６号、７号、９号、10号、11号、13号、14号、16号：20％
- ８号、15号：15％
- ５号：10％

さらに、平成25年から令和19年までの支払では復興特別所得税も課されます。

源泉徴収された所得税額（復興特別所得税を含む）は、他の源泉徴収税額と同様、徴収の日の属する月の翌月10日までに納付する必要があります。

また、支払が国外において行われる場合で、その支払者が国内に事務所等を有する場合には、国内において支払うものとみなされ、この場合の納期限は翌月末日となります。なお、非居住者への支払の場合、住民税利子割を徴収する必要はありません。

# 源泉徴収制度

## 所得税法第161条による源泉徴収の有無と税率

| | 内国法人 | 外国法人 |
|---|---|---|
| PE帰属所得（下記以外）（1号） | — | — |
| 資産の運用または保有（2号） | — | — |
| 資産の譲渡（土地等以外）（3号） | — | — |
| 組合契約事業利益（4号） | — | 20% |
| 土地等の譲渡対価（5号） | — | 10% |
| 人的役務提供（6号） | — | 20% |
| 不動産賃料（7号） | — | 20% |
| 利子等（8号） | 15% | 15% |
| 配当等（9号） | 20% | 20% |
| 貸付金利子（10号） | — | 20% |
| 使用料（11号） | — | 20% |
| 広告宣伝の賞金（13号） | — | 20% |
| 生命保険契約年金（14号） | — | 20% |
| 定期積金給付補てん金（15号） | 15% | 15% |
| 匿名組合利益分配（16号） | 20% | 20% |

※2013年から2037年までは復興特別所得税も課される。

# 74

# 源泉徴収免除制度

## 国内にＰＥを有する外国法人への支払で利用できる

**●源泉徴収免除制度**

外国法人が国内にＰＥを持っている場合には、日本における課税漏れのリスクが少ないため、一定の所得については、源泉徴収が免除される規定があります。

外国法人に対する支払に関して、源泉徴収漏れが多いのは外国本店に対する支払よりも日本支店に対する支払ですので、取引の相手方のためにもこの源泉徴収免除制度を使うべきだと思います。

この規定の適用を受けるためには、ＰＥを持っている外国法人が納税地の所轄税務署長から源泉徴収を免除されるための各種要件に該当している旨の証明書の交付を受け、それを支払の相手方に対して提示しなければなりません。

なお、この源泉徴収免除制度によって免除されるのは、一定の所得に対するものであり、所得税法第１６１条の8号、9号、15号、16号については免除の規定はありません。これらの所得に対する源泉徴収義務が免除されないのは、これらの所得は内国法人に対する支払についても源泉徴収義務があるためです。

**●免除を受けるにあたっての注意点**

源泉徴収免除制度はＰＥを有する外国法人の日本支店が、納税地の所轄税務署長から証明書の交付を受け、それを支払先に提示した場合に有効となりますが、この証明書には有効期限があります。そして証明書の有効期限が切れてしまうと自動的に免除制度を受けることもできなくなります。

その場合に、源泉徴収をするのを忘れると、源泉徴収義務は支払者にありますから、支払者がペナルティを受けることとなります。ですので、提示を受けた場合はコピーを取ったうえで、期日管理をする等、有効期限についての定期的な確認をするとともに、期限切れの場合には新たな証明書の提示を求める必要があります。

# 源泉徴収免除制度

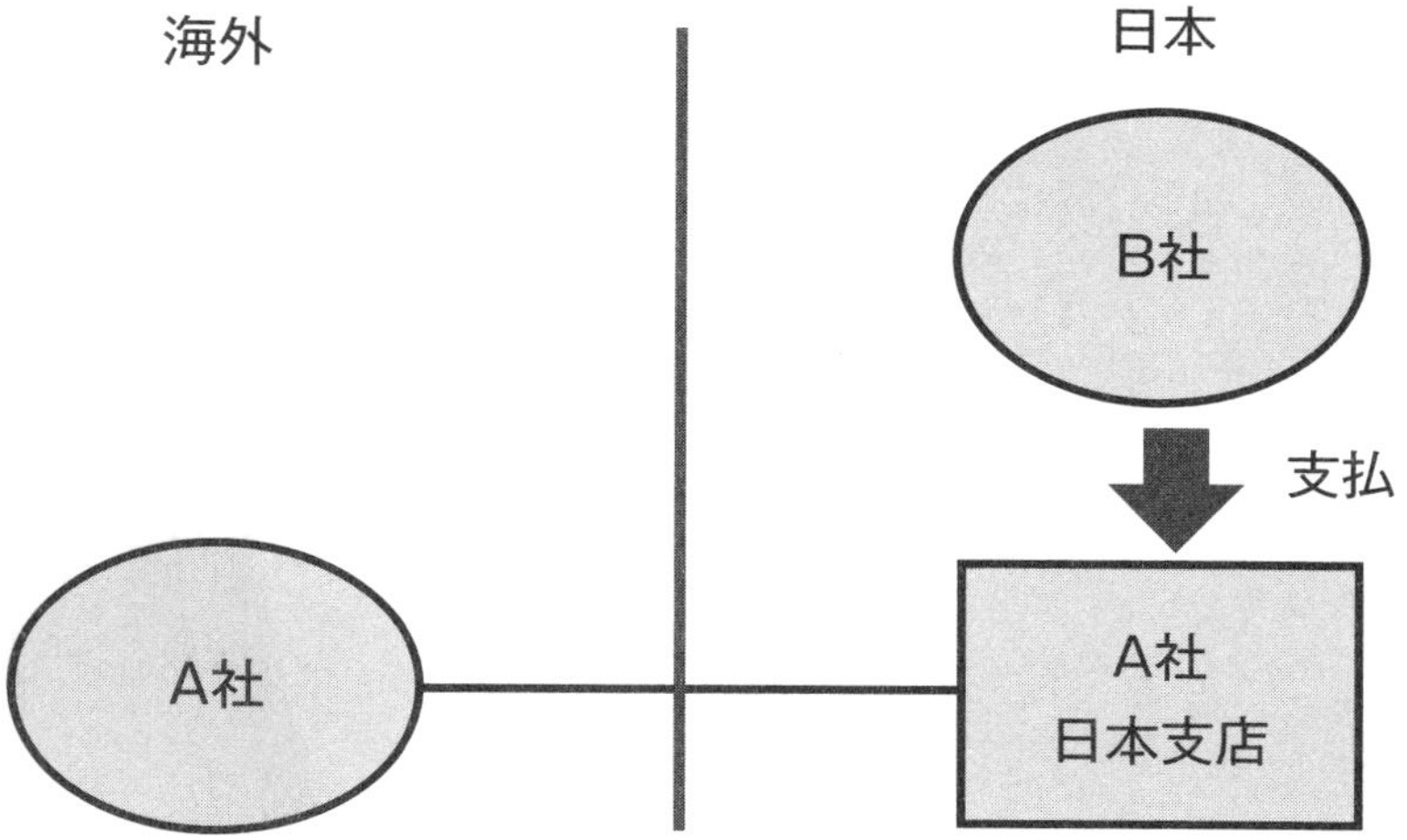


国内支店に対する支払であっても，外国法人への支払であるため，１号～３号および17号所得以外の国内源泉所得については源泉徴収が必要。

A社が源泉徴収免除証明書をB社に提示すると

4号，5号，6号，7号，10号，11号，13号，14号
所得については源泉徴収が免除される

8号，9号，15号，16号については免除されない

# 75 租税条約による税率の軽減

## 「限度税率」は最大の恩典

### ●租税条約による税率の変更

外国法人や非居住者が国内源泉所得の支払を受ける場合の源泉徴収税率については前述のように国内法によって定められていますが、配当、利子、使用料等の所得については二国間の投資を促進する観点から、租税条約によって税率が軽減されている場合が多くなっており、その税率を一般に「限度税率」と呼びます。

一般的に利子、配当、使用料等の投資収益については、これを生み出すための費用が必要であり、収入ではなく所得で考えた場合、収入に対しての国内法による源泉徴収税率は過大となり、それぞれの国の外国税額控除によっても二重課税が解消されない場合があります。そこで、限度税率を設けることにより、二重課税の可能性をできるだけ排除し、二国間の投資を促進しようとしています。これら税率の軽減措置は租税条約の最大の恩典といわれています。

### ●各国による違いと最近の傾向

前述のとおり、租税条約は二国間条約であり相手国によってその内容が異なることから限度税率も条約により異なります。また、同じ条約であっても持株要件等によって限度税率が異なることもあります。

例えば、日米租税条約の場合、利子に関しては0％（＝免税）となっており、使用料に関しても0％（＝免税）となっています。配当に関しては、持株割合50％以上、かつ保有期間6ヶ月以上である場合には、0％（＝免税）、持株割合が10％以上の場合には5％、その他の場合には10％となっています。

以前は、日本が締結している租税条約では、親子間配当や使用料についても、5％から10％程度の源泉徴収税率を定めているものが多かったですが、近年改訂されている租税条約では、免税とされる場合が多くなっています。

## 租税条約による税率の軽減

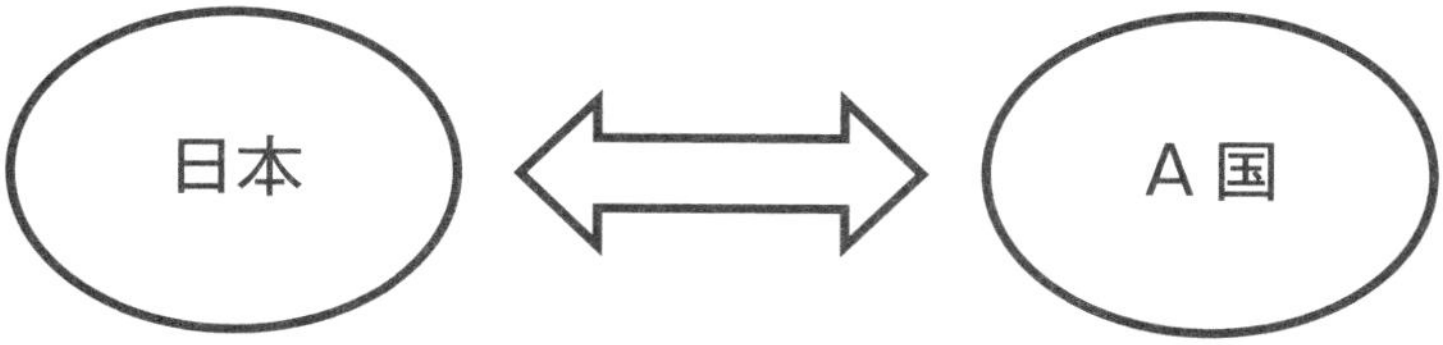


利子，配当，使用料等

↓

両国の投資促進の観点から国内法より
低い税率（限度税率）となっていることが多い

## 源泉地国における課税

従来　10%程度が多い

↓

最近　免税（0%）の条約の増加

# 76 租税条約による対象の変更

## プリザベーション・クローズという考え方も忘れずに

**●国内法と租税条約の違い**

　現在の日本の国内法では、多くの租税条約と同様に国内源泉所得の考え方として帰属主義を採用しているため基本的な考え方は一致しますが、租税条約に規定されている所得区分は国内法の規定と違う部分もあるため、前述の機械の使用料等のように国内法では国内源泉所得とされていても、租税条約によって国内源泉所得ではなくなるものもあります。

**●租税条約により源泉徴収対象となる場合**

　一般的に、租税条約は納税者に有利になる、すなわち日本での課税が少なくなると思われがちですが、国内法の規定では国内源泉所得に該当しないのに、租税条約の規定により国内源泉所得に該当してしまう事例もあります。例えば、前述のインドとの租税条約における「技術上の役務に対する料金」については、6号の人的役務提供事業に該当するため、国内法では「国内において行う」ものだけが国内源泉所得となりますが、日印租税条約においては所得源泉地が「支払者の居住地」とされるため、インドで行われたシステム開発等について日本法人が支払う場合には国内源泉所得となり、日本で源泉徴収の対象となります。

**●プリザベーション・クローズとの関係**

　租税条約にはプリザベーション・クローズという考え方があります。これは国内法と租税条約の規定が異なった場合に、国内法の規定のほうが納税者にとって有利に働く場合には国内法を採用するという考え方であり、租税条約での具体的な規定の有無にかかわらず、条約解釈にあたり当然に考慮されるものとされています。ただし、これは、非課税、免税、控除等に関係する規定に係るものであり、所得源泉地国の置き換えには適用されないため、前述のように租税条約により日本で課税対象となる場合があります。

## 租税条約による対象の変更

システム開発
対価の支払

**国内法**：国内において行う役務提供ではない
→国内源泉所得に該当しない

**日印租税条約**：所得源泉地＝支払者の居住地
→国内源泉所得に該当する

↓

所得源泉地の変更→日本において源泉徴収の対象

＜プリザベーション・クローズ＞
国内法と租税条約の規定が異なった場合に
国内法のほうが有利な場合は国内法を採用
するという考え方

↓

非課税，免税，控除等の規定に関するもの

↓

所得の源泉地国の置換えには適用されない

# 77 手取額による契約とグロスアップ計算

## 外国法人との契約でよくある形態

### ●手取り契約

外国法人との契約の際に「支払者の居住地国において発生する税金は支払者の負担とする」という規定が入っているのをよく見かけます。この規定でいう税金で最も多いのが源泉徴収される所得税です。

今まで見てきたように日本の税法では外国法人に対して、所得税法第１６１条に規定する国内源泉所得の４号から11号までと、13号から16号までの支払をする際は源泉徴収が発生します。

その場合、相手国において国外所得免税の方式を採用している、全世界所得課税＋外国税額控除の方式を採用していても日本で源泉徴収された税額の全額を控除することができない等、支払を受ける外国法人にとっては、日本における税負担が取引によって異なるかもしれないという不確定要素があります。そこでそれをなくすために採用されるのが、「手取額でいくら」という契約形態であり、これにより不確定要素を排除し、実際の収入を確定させようという意図があります。

### ●グロスアップ計算の方法

グロスアップ計算とは、手取額がその金額になるように逆算して総支払額を決める方法です。例えば、源泉徴収の税率が10％の支払で10万円を相手に渡したいとします。その場合、10万円÷０・９＝11万１１１１円が総支払額となり、そこから10％である1万１１１１円を納税することにより、源泉徴収後の10万円の支払をすることができます。

これは、外国法人に費用を支払う時だけではなく、海外進出している日本企業の現地子会社が日本に対して費用を支払う時にも出てくる考え方です。例えば、最近では、日本の銀行が現地子会社に直接資金を融資するケースも増えていますが、その利子の支払についても手取額契約になっているものもあります。

## 外国法人に対する支払

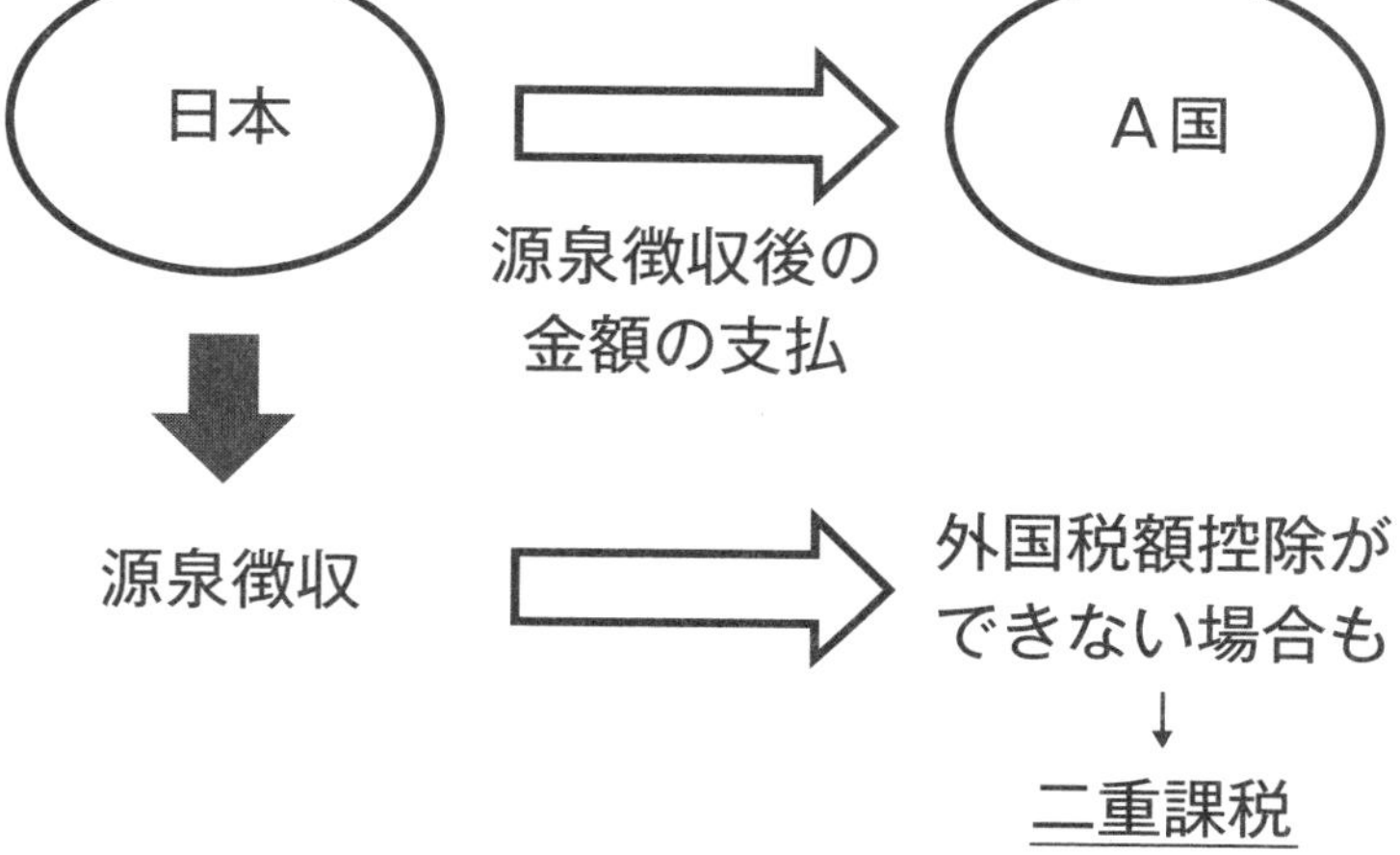


## 手取額による契約

**手取額100，源泉徴収税率が10％の場合**

100÷（1－10％）＝111

111×10％＝11

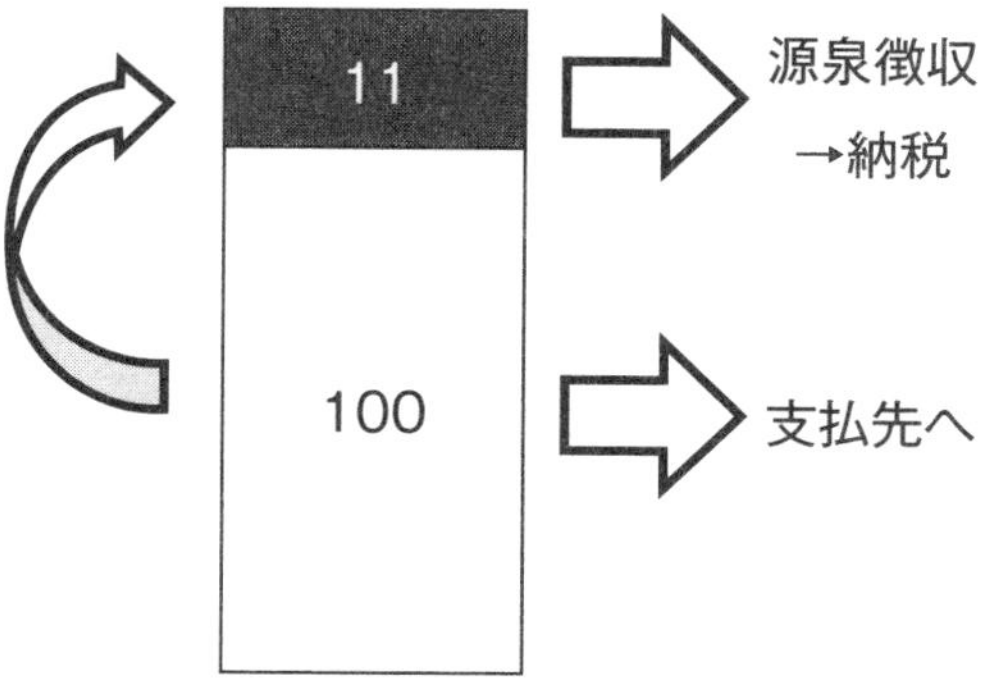

column コラム

## 源泉徴収と税務調査

近年の国際税務をめぐる税務調査で最も指摘が多いのが外国法人や非居住者に対する源泉徴収です。

外国法人や非居住者に対する支払の場合，内国法人や居住者に対する支払よりも源泉徴収しなければならない項目が多いのですが，それを認識していないケースや，認識していたとしても日本支店に支払う場合に失念してしまうケースもあります。

また，国内法の規定で源泉徴収義務がなかったとしても，租税条約の規定で源泉徴収義務が発生する場合等も源泉徴収漏れが多くなっています。数年前には，インドへのシステム開発対価の支払をする場合の源泉徴収漏れが全国規模で一斉に指摘されたケースもありました。

これらの源泉徴収漏れを防ぐには，まずは外国法人や非居住者に対して支払をする場合には，源泉徴収をする義務があるかもしれないという意識を社内で持つことが重要です。そして，実際に支払う前に顧問税理士等にしっかり確認することも重要です。

同じ種類の支払であっても租税条約によって源泉徴収税率が変更されたり，源泉徴収義務がなくなったりするケースもあります。

国際税務の世界は「知っているか？　知らないか？」の世界です。国際税務に精通した税理士であれば，支払ごとの源泉徴収の有無，支払先の国ごとの租税条約の取扱い等に関しては経験されていることも多いですし，経験されていなくてもすぐに判断できます。支払ごとの確認は面倒ではありますが，源泉徴収漏れが発生すると，相手先が返金してくれないこともありますし，不納付加算税も含めて思わぬ税額の負担となることもありますので，リスクを回避するためにも慎重に確認することをお勧めします。

【著者紹介】

**作田　陽介（さくた　ようすけ）**

STC国際税理士法人　税理士

1977年神奈川県生まれ。埼玉大学経済学部を卒業後，大手外資系税理士事務所のアーサーアンダーセン税務事務所（現KPMG税理士法人）に入社。トランザクションアドバイザリーグループで国際税務，証券化，M&A等の業務に従事した後に2004年に独立開業。

独立後は国際税務やM&Aだけでなく，中小企業の海外進出や事業承継，事業再生といったコンサルティングまで「企業の参謀」としての業務にも注力。2009年に沖縄オフィスを開設。2012年にアジア諸国の会計事務所ネットワーク「OneAsia」に加盟。

現在は，税理士として株式会社沖縄銀行を始めとする上場企業から中小企業まで幅広いクライアントを持つだけでなく，2021年からは上場企業である株式会社 UNIVA・Oakホールディングスの役員に参画し，取締役（監査等委員）としても活躍している。

しくみ図解

**国際税務のポイント**

2015年 8 月 5 日　第 1 版第 1 刷発行
2016年 7 月 20日　第 1 版第 2 刷発行
2019年 10月 1 日　改訂版第 1 刷発行
2020年 11月 5 日　改訂版第 3 刷発行
2024年 4 月 20日　改訂改題第 1 刷発行

著　者　作　田　　陽　介
発行者　山　本　　継
発行所　㈱ 中 央 経 済 社
発売元　㈱中央経済グループパブリッシング

〒101-0051　東京都千代田区神田神保町1-35
電話　03（3293）3371（編集代表）
03（3293）3381（営業代表）
https://www.chuokeizai.co.jp
製版／㈲イー・アール・シー
印刷／三英グラフィック・アーツ㈱
製本／㈲ 井 上 製 本 所



＊頁の「欠落」や「順序違い」などがありましたらお取り替えいたしますので発売元までご送付ください。（送料小社負担）

ISBN978-4-502-48591-6　C3034